novum premium

Anielle Fortis

Anielle
Kuss der Liebe

Geschichte einer
außergewöhnlichen Liebe

∞

novum premium

Bibliografische Information
der Deutschen Nationalbibliothek:

Die Deutsche Nationalbibliothek
verzeichnet diese Publikation in
der Deutschen Nationalbibliografie.
Detaillierte bibliografische Daten
sind im Internet über
http://www.d-nb.de abrufbar.

Gedruckt in der Europäischen Union
auf umweltfreundlichem, chlor- und
säurefrei gebleichtem Papier.

ISBN 978-3-99130-194-3
Lektorat: Lucas Drebenstedt
Umschlagfotos: Elena Medvedeva,
Svetlana Sveica, Ilyach,
Krissikunterbunt | Dreamstime.com
Umschlaggestaltung, Layout & Satz:
novum Verlag
Innenabbildungen: Anielle Fortis

www.novumverlag.com

Climate neutral
Print product
ClimatePartner.com/16547-2201-1002

Vorwort

Meine geliebten Kinder,

ich schreibe dieses Buch, damit ihr versteht, dass ihr beide aus tiefster, reiner Liebe entstanden seid. Es ist keine Anklage, sondern die Verarbeitung vieler unausgesprochener Gefühle und Momente meines Lebens mit dem Mann, den ich über alles geliebt habe.

Seid im Leben verzeihlich gegenüber Menschen, die wichtig für euch sind. Redet über alles und seid glücklich und dankbar für alles, was ihr habt.

Das Leben ist wunderschön. Man kann nur Glücksmomente haben und erleben, wenn man auch weiß, wie es sich anfühlt, wenn man mal ganz unten ist. Steht immer wieder auf und geht euren Weg.

Manchmal muss man jemandem verzeihen und ihn loslassen können. Auch wenn es weh tut, das Glück wird umso schöner, wieder zu euch zurückkehren.

Mit diesem Buch gehe ich nun den Weg des Verzeihens und hoffe, dass ich dies schaffe.

Mama

„Die Stärke eines Menschen zeigt sich erst dann, wenn er mit Schwäche umgehen muss."

RS

15. Juli 2021

Nun habe ich mich entschlossen, mir alles, was ich die letzten 24 Jahre erlebt habe, von der Seele zu schreiben. Offen, ehrlich und so, wie es wirklich war. Wie es sich für mich anfühlte, wie es sich für mich abspielte. Mein Leben mit dir, Matteo.

Ja, es war eine große, wunderbare, ehrliche und sehr leidenschaftliche Liebe. Jedenfalls für mich. Ich gab mein Herz und meine Seele und legte sie dir in die Hände. Ob es richtig oder falsch war, möchte ich nicht beantwortet haben, denn Gefühle sind immer schön. Und wenn man hoch oben im Himmel ist, kommt immer auch der Moment, wo man wieder landen muss, am besten mit einem großen Rucksack an Erkenntnissen. Ich denke, mein Herz weiß schon lange, was zu tun ist, nur mein Gehirn macht nicht immer das, was mein Herz möchte. Bleibt die große Frage, ob ich mein Gehirn bin oder ob ich tatsächlich Herz und Seele bin.

Zuerst möchte ich über die letzten drei Jahre mit dir sprechen, bevor ich dann an den Anfang unserer Liebe gehe, die im März 1997 begann.

An einem schönen Julitag im Sommer 2018 saß ich mit meiner Freundin Nena und einer lieben Bekannten zusammen. Wir saßen draußen, genossen die Sonne, hatten es lustig und redeten über Gott und die Welt. Und irgendwann auch über dich. Als Spaß bemerkte ich, dass ich ja nicht mal deine Privatnummer kannte. Als Anmerkung für die Leser muss ich dazu sagen, dass Matteo ein verheirateter Mann war, als ich ihn kennenlernte. Dazu aber später mehr. Wir gingen somit auf „Telsearch“, ich tippte seinen Namen ein und bum, mein Herz explodierte. Ich fiel an diesem schönen Sommertag in die Krise meines Lebens. Ich war zutiefst verletzt über das, was ich da las. Ich spürte sogleich, wie mein Herz anfing, eine große Mauer zwischen uns zu bauen. Ich wusste ja, wo du wohnst, in diesem schönen, großen Haus auf dem Lande, weit weg von mir, mit deiner anderen Frau und deinen anderen Kindern. Du hast mir erzählt, wie sehr du ihr aus dem Weg gehst. Wie gerne du dich trennen würdest, sie nicht mehr in deinem Leben haben möchtest. Natürlich glaubte ich dies. Ich spürte deine Liebe. Aber als ich da auf mein Handy starrte, wollte ich einfach nicht glauben, was dort stand. Tatsächlich las ich deinen Namen zusammen mit dem deiner Frau, an einer neuen Adresse, in meiner Stadt! Meine Güte, du bist umgezogen, hast mir nichts gesagt und deine Frau hast du auch gleich noch mitgenommen. Dieses Nichtsagen von wichtigen Tatsachen hat mich schockiert und wurde zum Anfang unseres Untergangs. Wir waren zu diesem Zeitpunkt in einer totalen Verliebtheitsphase. Wir waren hungrig aufeinander. Diese Phasen gab es immer wieder in all den Jahren, in denen wir wieder verliebt waren wie am ersten Tag. Und jetzt das. Die Verliebtheit wurde in Sekunden zerstört. Wie sehr unsere Liebe auf den Prüfstand gestellt werden würde, wusste ich zu diesem Zeitpunkt noch nicht, aber die kommenden drei Jahre wurden zu einem Gefühlschaos. Ich glaube, auch für dich. Jedenfalls wurde mir bewusst, dass du weniger als 400 Meter von mir entfernt wohnen würdest, wie du mir später erzählt hast, schon über ein halbes Jahr. Für mich war das unglaublich schrecklich. Auch wenn du mir immer wieder sagen wirst, dass du mir damit nicht weh tun wolltest. Glaubst du wirklich, das wäre ein ewiges Geheimnis geblieben? Es musste ja an den Tag kommen. Und glaub mir, ich hätte es lieber aus deinem Mund erfahren wollen. Nur schon die Vorstellung, dass ich deiner Frau nun über den Weg laufen könnte oder sie mir! Ich wollte dies ganz schnell aus meinem Kopf kriegen, was natürlich nicht ging. Nun weiß ich, aus welchem Grund du immer in unsere Tiefgarage fahren wolltest. Du wolltest dich verstecken, denn sie durfte dein Auto bei mir in der Straße nicht sehen. Von diesem Tag an bauten sich ein Groll und ein Zorn in mir auf, die drei Jahre mein Leben bestimmen sollten, immer gemischt mit der Erinnerung an unsere große Liebe.

Wieso nur konntest du mir genau das nicht sagen? Ich akzeptierte all die Jahre so viel, hatte immer Verständnis, auch für die Tatsache, dass du verheiratet bist. Wieso nun diese große Lüge? Selbst wenn man etwas nicht sagt, es aber tut, ist es eine Lüge.

Über deine Frau hast du immer gesagt, sie sei zuerst da gewesen. Nun, diesen Spruch ließ ich dir, obwohl dies absolut nicht mit meinem Denken übereinstimmt. Ich finde, wenn eine neue Liebe beginnt, sollte man die alte in Güte beenden, um offen für ein neues Glück zu sein und dem ehemaligen Partner die Chance zu geben, ein neues Leben zu beginnen. Als ich dich kennenlernte, war ich auch verheiratet. Es war für mich aber klar, dass ich mich scheiden lassen würde. Und es ist eine Tatsache, dass man sich nur so unsterblich verlieben kann, wenn die alte Beziehung eigentlich schon tot ist.

Und wir hatten ja nicht nur Sex, für dies muss man sich nicht zwingend trennen. Aber das, was wir hatten, war eine riesengroße, innige und tiefe Liebe. Und dazu trägt man Sorge. Leider war sie in all den Jahren immer mit den Keimen einer anderen Frau infiziert. Und trotzdem sind wir heute noch immer zusammen. Solch eine Liebe muss unendlich sein. Oder vielleicht doch nicht?

Und ich weiß mit Sicherheit, dass auch du mich sehr geliebt hast. Ich hoffe es zumindest ganz tief in mir. Nach Jahren großer Verliebtheit, wir hatten schon unsere beiden Kinder, stritten wir uns oft wegen deiner Frau. Du hast dann immer geäußert, es sei doch besser, nicht ganz zusammen zu sein, da wir nur gestritten hätten. Aber Matteo, hätten wir uns tatsächlich so oft gestritten, wenn deine Frau unsere Beziehung nicht als Drittperson gestört hätte? Eine Frage, auf die es keine genaue Antwort gibt, leider.

Aber nun zurück zu dem Moment, als ich diese Tatsache erfuhr, dass du auch nach 21 Jahren deine Frau, die du laut deiner Aussage hasst, nun mitgenommen hattest in dein neues Domizil, in meine Stadt, wo ich wohne und mit meinen Kindern lebe. Wie konntest du sie mir nur so vor die Nase stellen? War dein Heimweg dann kürzer? Es zerbrach so unglaublich viel in mir. Mein Selbstbewusstsein fing an zu leiden. Selbstzweifel kamen hoch in mir. War das alles wirklich echt gewesen, all die Jahre? Es fühlte sich an, als wäre ich aus Glas und du hättest mit einem großen Stein nach mir geworfen. Ich zerbrach in tausend Stücke.

Und das Schlimme daran ist bis heute, dass du denkst, ich sei schuld für alles, was in den nächsten drei Jahren kommen sollte. Du sprachst dich frei von jeder Schuld und meine ganze Verletztheit sei aus mir selber entsprungen. Aus dem Nichts! Und du hast es mir förmlich an den Kopf geworfen. Bei jeder Gelegenheit. Ich habe so viele Tränen vergossen, dass ich jetzt keine mehr habe. In diesen vielen Momenten hast du mich für jede Kleinigkeit verantwortlich gemacht, übrigens auch eine andere Meinung zu haben, war für dich ganz schlimm. In diesen Momenten, in denen du mich lieber als Jasagerin gehabt hättest, was ich aber zum Glück nicht bin, machte ich, als du dann weg warst, immer dasselbe. Ich ging zum Safe und öffnete ihn. Es löste jedes Mal eine ungeheure Melancholie in mir aus, die mich zutiefst spüren ließ, wie groß unsere Liebe mal gewesen war, wie groß die Zuneigung gewesen war, die wir verspürt hatten. Ich nahm also eine deiner vielen Liebesbotschaften aus dem Safe und las sie.

In diesen Momenten vermisste ich den Mann, der sie geschrieben hatte, und zwar dich Matteo. Ich vermisste den Mann, der du nicht mehr bist, und den, der du mal gewesen warst und nun in meinem Herzen fehlte. Du bestehst nur noch aus Erinnerungen tief in mir.

Entferntest du dich oder war ich das? Oder wir beide?

Ich ertrug deine Nähe nicht mehr, aber deine Distanz machte mich unendlich traurig. Ich war gefangen in dem Moment des Nichtfühlens.

Liebeskarte von dir aus dem Jahre 1998:

„Ein Loblied auf das herrlichste Gefühl auf Erden: Eros mischte sicherlich mit, als du erschaffen wurdest – so viel Leidenschaft, Charme und Erotik, eingefangen in einem so vollkommenen Körper, das kann nur die Frucht eines Liebesgottes sein! Da nie Leckereres auf meinem Tisch serviert wurde, ist es nicht weiter verwunderlich, dass ich von dieser göttlichen Gabe gekostet habe. Es sind aus dieser Begegnung unbeschreibliche Gefühle entstanden – demgegenüber würde selbst Amor vor Neid erblassen. Ich möchte unsterblich sein, um dieses unbeschreiblich schöne Gefühl der Liebe bis in alle Ewigkeit genießen zu können. In dich verliebt zu sein, erfüllt mich mit Freude und Stolz – von dir geliebt zu werden, ist das größte Geschenk, das ich vom Leben je empfangen durfte."

Als Motiv auf der Karte ist das Bild von Gustav Klimt, der Kuss, welches ich in den folgenden Jahren immer wieder gemalt habe.

∞

„Wenn der Abgrund zu sehen ist, erkennt ihr die, die euch halten und die, die euch stoßen werden. Im Laufe meines Lebens habe ich gewonnen und verloren. Bin hingefallen und wieder aufgestanden. Habe viel gelacht, aber auch geweint. Ich hatte die Freude im Herzen, doch der Schmerz war manchmal nah. Ich war unterwegs zu den Sternen und so mancher siebter Himmel durfte ich den meinen nennen. Meine Träume sind heute weniger, ich bin auch ein wenig gelassener, und doch bin ich immer noch neugierig auf das Leben. Die Zeit verändert Menschen, die Zeit verändert Gedanken. Die Zeit ändert eigentlich alles. Oft schätzen wir nicht genug, was wir haben, bis wir es verlieren. Darum seid immer dankbar für die kostbare Zeit, die euch zur Verfügung steht."

Zitat unbekannt/weisewortwahl.de/Januar 22

Und dann kam noch Corona dazu. Der Moment, in dem unsere Beziehung komplett auseinandergenommen wurde, und zwar auf die harte Tour. Unsere Meinungen zu diesem Thema waren so grundlegend verschieden. Du hattest so viele Menschen um dich, die an Verschwörungstheorien glaubten, dass du anfingst, die Realität zu verlassen. Alles, was ich dazu sagte, war falsch. Nur deine Ansicht war die einzig wahre. Ich fing an, deinen Hass in diesen Momenten auf mich zu spüren. Ich durfte keine Meinung mehr haben und wenn, war sie dumm. Du fingst an, mich regelrecht zu verachten. Du hast mich immer öfter mundtot gemacht, mir sozusagen verboten, über Covid-19 zu sprechen. Du wurdest jedes Mal beleidigend gegenüber mir, wenn ich meine Meinung vertrat. Du durftest aber natürlich jede Verschwörungstheorie vertreten, auch vor unseren

Kindern. Gleichzeitig spürte ich immer wieder, dass du unsere Liebe vermisstest, unsere Nähe zueinander. Aber wir wussten beide nicht, wie wir damit umgehen sollten, wir fingen an, nicht mehr miteinander zu schlafen, was so noch nie vorgekommen war. Auch in schlechten Zeiten, war die Nähe und Vertrautheit, miteinander zu schlafen, immer da gewesen. Aber jetzt! Ich spürte, dass wir dies nicht mehr wollten. Beide. Das Gefühl tief im Inneren eins zu sein, wurde arg von einem Keil getroffen. Wir fingen an, uns auf die Nerven zu gehen. Du hast nichts mehr von mir ertragen, ich nichts mehr von dir. Trotzdem gab es die kleinen Momente des Spürens, in denen wir uns einen Kuss gaben und wir uns noch nicht aufgegeben hatten. Aber es waren nur noch Momente des kleinen Glücks. Wie oft hast du in den zwei Coronajahren zu mir gesagt: Fahr zum Teufel, ich mag nicht mehr. Bist aber immer wieder zurückgekommen, als wäre nichts passiert. Es ist allerdings passiert. Du hast eine komplett andere Streitkultur als ich. Niemals habe ich dich mit einem hässlichen Wort beleidigt. Ich kann laut werden und bestimmt, brauche jedoch keine bösen Worte. Das tut man einfach nicht, streiten ja, beleidigen nein. Beleidigungen sind das Löschblatt für die Liebe. Nimm mal ein Blatt Papier und zerknülle es, das wäre die Beleidigung. Entschuldige dich danach, in der Hoffnung, alles wäre wieder gut. Matteo, probiere mal ein zerknülltes Blatt wieder glatt zu bekommen. Es geht einfach nicht. Es hinterlässt Spuren. Jede bleibende Falte ist eine Kerbe im Herzen.

∞

Und dann kam die Hoffnung mit der Impfung. Ein kleiner Schimmer am Horizont, damit die Welt für meine Kinder wieder normal werden könnte. Ich las alles, was es darüber zu lesen gab. Auch die negativen Berichte. Die guten waren aber auf der Waagschale viel weiter oben. Auch für unsere Kinder, die dies für sich selber so entschieden. Wir würden uns impfen lassen, sobald es möglich war. Als ich dir dies mitteilte, passierte etwas, was ich mir in meinen schlimmsten Träumen nicht hätte vorstellen können. Du hast mir gedroht, mich umzubringen, wenn die Impfung unseren Kindern schaden würde. Was für eine Ansage an mich. Ich weiß natürlich, du hättest dies nie getan. Ich konnte es trotzdem fast nicht ertragen. Unsere Tochter ist zwanzig Jahre alt, unser Sohn bald achtzehn. Es sind selbständig denkende junge Menschen, die für sich selber entscheiden können, ohne dass wir ihnen ihre Meinung nehmen. Ich hätte dir sagen können, ich bringe dich um, wenn ihnen mit diesem dummen Virus was passiert. Dies wäre mir aber niemals in den Sinn gekommen. Beide wollten einfach ihr Leben zurück, ohne dass ihnen Angst gemacht wird. Mein Einfluss auf ihre Meinung war dabei ziemlich gering. Ja, sogar egal. Unsere Kinder sind selbstbewusste, eigenständige und wunderbare Kinder, mit eigenen Gedanken. Sie haben nicht meine und nicht deine. Dies ist eine Tatsache, die wir beide akzeptieren müssen. In dieser Zeit, in der niemand genau wusste, was kommen und passieren würde, fehlte unser Zusammenhalt. Der letzte Rest von Verbundenheit zerbrach. Vielleicht war noch ein Funken da, eine kleine Glut. Aber sehr vage und schwach.

∞

Unsere Tochter verbrachte ihr erstes Jahr an der Universität in Zürich mit Onlinevorlesungen, zumeist von zu Hause aus. Oder bei einer Kollegin im Büro ihres Vaters. Was für ein Studienjahr, wo man sich doch auf neue Menschen freut, auf das Leben als Studentin. Alles war anders als normal. Unser Sohn trug in seinem ersten Jahr an der Wirtschaftsmittelschule immer die Maske. In diesen jungen Jahren möchte man das Leben doch genießen, Erfahrungen machen. Das Leben war aber eingeschränkt. Eine Zeitlang waren sogar die Schulen, Restaurants, Clubs, Museen, Fitnesscenter und Einkaufsläden geschlossen. Wer hätte dies jemals gedacht. Ich litt für unsere Kinder mehr, als sie es wahrscheinlich taten. In einer solchen außergewöhnlichen Zeit wünscht man sich jemanden, der am gleichen Strang zieht. Der hilft und unterstützt oder eine Umarmung als Kraft und Herzenswärme gibt. Deine Besuche bestanden aus Kritik an meiner Meinung. Ich war für dich immer die, die den Streit begann, nur weil ich anders dachte. Mein Vertrauen in die Wissenschaft und unsere Politik war groß. Und mein gesunder Menschenverstand hielt mich fern von jeder noch so verworrenen Theorie über Corona. Wenn es nach dir gegangen wäre, hätten alle Diskussionen mit einem Ja meinerseits enden müssen. Nur, dies konnte ich mit meinen Gedanken einfach nicht vereinbaren. Du hast mir lange vor Corona mal erzählt, dass du abschaltest und nicht mehr zuhörst, wenn jemand was sagt, dass dir nicht passt. So kam es mir auch die ganze Zeit vor. So funktioniert vielleicht dein Leben. Aber so funktioniert niemals eine Partnerschaft. Da muss es doch Platz für differenzierte Meinungen und Ansichten geben, ohne dass man auf den anderen böse wird. Wie oft bist du einfach davongelaufen, mitten in einer Diskussion, und hast mich überhäuft mit bösen Worten. Ich glaube sogar, dass du dies nicht mal abstreiten wirst, wenn du das je lesen wirst. Für dich sind andersdenkende Menschen einfach nicht klug genug. Zumindest kommt dies so rüber. Ja, du bist ein wirklich guter und kluger Geschäftsmann, dir fehlt aber manchmal die Empathie für Menschen. Intelligenz ist eine geistige Leistungsfähigkeit, die unbedingt auch beinhaltet, sich mit anderen Meinungen und Ansichten zu beschäftigen. Dabei sollte man immer neu dazulernen und nicht denken, dass man bereits alles weiß. Nur wer jedem zuhören kann und akzeptiert, was der andere sagt, ohne ihn zu beleidigen, ist auf dem Weg, weise zu werden.

∞

In dieser Zeit, in der ich gefühlt alles selber durchstehen musste mit unseren Kindern, kauftest du dir das Haus in Italien. Dort, wo du vor sechzig Jahren auf die Welt gekommen warst. Du hast dir in dieser schweren Zeit einen Traum erfüllt, den du schon lange in dir getragen hast. Einmal zurückzukehren. Zu deinen Wurzeln. Ich gönnte dir dies von ganzem Herzen. Ich wusste aber gleichzeitig, dass ich jetzt noch mehr alleine und auf mich gestellt sein würde. Dies machte mir keine Angst, mein Herz verspürte nur eine Wehmut, aber auch Freude für dich. Es war deine persönliche Flucht von so vielem hier. Du hattest immer einen gewissen Groll auf die Schweiz gehabt. In deiner Kindheit, als Migrant aus Italien, hast du unter Demütigungen durch andere Kinder gelitten. Mir ist bewusst, dass dies nicht einfach für dich gewesen ist. Trotzdem, oder vielleicht genau deswegen, wurdest du zu einem sehr erfolgreichen Geschäftsmann. Dabei bist du in der Schweiz reich geworden. Dies haben dir allerdings auch die Umstände hier in der Schweiz ermöglicht und dein Fleiß natürlich. Ich konnte dein Herabsehen auf unser Land nie ganz verstehen. Zumal ich sogar als Schweizerin in der Schule lange Zeit gemobbt wurde. Es hat mich schlussendlich zu einem starken Menschen gemacht. Aber die Gedanken daran holen jeden bei gewissen Gelegenheiten wieder ein. Man ist nie ganz geheilt von solchen Erlebnissen. Ich gehe hier nicht genauer auf diese Erlebnisse ein, da ich heute ein positiver Mensch bin und dies zwar zu mir gehört, aber nicht mehr so wirklich der Rede wert ist. Und sind wir ganz ehrlich, böse Menschen laufen jedem mal über den Weg. Wichtig ist, daraus zu lernen, einem anderen nichts anzutun, was einem selber widerfahren ist. Du fingst an, mitten in der Pandemie mehr in Italien zu sein als hier. Für mich war dies kein großes Problem, zumal ich es gewohnt bin, alleine zu sein. Die erste Zeit vermisste ich dich zwar, das Vermissen verschwand aber bald hinter meiner großen Mauer, die ich um mein Herz aufgebaut hatte.

∞

Das erste Mal, als ich dich in Italien besuchte, dies war noch vor unserer großen Zerstrittenheit, verspürte ich eine riesige Vorfreude auf dich, aber auch eine gehörige Portion Angst. Wie würde es sich anfühlen, mit dir alleine gemeinsam in einem Haus? Das hatten wir bisher nicht wirklich getan. Als ich ankam, merkte ich, wie du dich über mein Kommen freutest. Ich erkannte allerdings ebenso, dass du es absolut gewohnt warst, das zu tun, was du gerade wolltest. Eigentlich warst du einfach glücklich, dass ich dort war, gingst aber so ziemlich deinen eigenen Weg. Du hast nie einen Tagesablauf, was wir gemeinsam tun würden, mit mir besprochen. Ich versuchte, so gut es ging, mich selber zu beschäftigen. Ich habe gelesen, Musik gehört und ging Unkraut in dem riesigen Garten ausreißen. Ehrlich gesagt, fühlte ich mich ein wenig einsam, auch wenn du da warst. Ich spürte deine Art als Einzelgänger, obwohl du mich um dich hattest. Ich merkte zum ersten Mal in all den Jahren, dass deine Vorstellung, jemanden zu lieben, eine andere war als meine. Du wolltest mich zwar, aber so, wie du dir vorstelltest, dass ich sein müsste. Du nahmst mich nicht so, wie ich bin: ein Mensch, der auch Fehler hat. Solche durfte ich ja nicht machen. Ich sollte in deinen Augen perfekt sein. Aber weißt du, ebenso du hast nebst deinen guten Seiten viele Fehler. Ist das nicht normal? Ich finde sogar, Fehler bringen uns weiter im Leben, machen uns zu einem besseren Menschen, wenn man daraus lernt. Ich hätte mir in diesem Moment niemals vorstellen können, auf immer mit dir unter einem Dach zu leben. Weder dort noch in der Schweiz. Abstand ist etwas, was wir beide immer wieder brauchen. Vielleicht auch, weil wir dies so gewohnt waren. Trotzdem gab es Momente, da fühlte ich mich ganz ruhig und innerlich ausgefüllt mit einer sorglosen Leichtigkeit.

∞

Nun stehen wir vor den Sommerferien 2021Ich freute mich darauf, mit unserem Sohn, meinen beiden Schwestern und deren Kindern, gemeinsame Ferientage zu verbringen. Leider konnte unsere Tochter dieses Jahr nicht mitkommen, da sie in ihren Semesterferien in einem kleinen Café in der Stadt arbeitete. Ach, ich sollte sie vermissen. Auch unser über achtzig jähriger Vater begleitete uns, Was wir damals noch nicht wussten, war die Tatsache, dass er uns zum letzten Mal begleiten konnte. Ein halbes Jahr später ist er leider von uns gegangen. Nun, wir hatten dein Okay bekommen, zu dir in dein Haus in Italien zu kommen. Ans Meer. In die Wärme. Das Meeresrauschen ist einer meiner Lieblingsklänge. Unglaublich beruhigend, ich liebe dieses gleichmäßige Rauschen. Die Vorfreude war riesig. Wir fuhren gegen Ende Juli morgens um drei los. Dein Haus in Italien erreichten wir nach etwa sechs Stunden Autofahrt. Wir waren es gewohnt, Ferien in einem Haus zu verbringen, da wir die letzten 15 Jahre oft im Haus vom Mann meiner Schwester in Nizza gewesen waren. Wir kauften immer alles ein, was man vor Ort brauchte, und es wurden nie Esswaren oder Getränke vom Besitzer des Hauses genommen. Jedenfalls kamen wir an und wollten, bevor wir zum Einkaufen fuhren, die Kinder abladen, damit sie ihren Spaß hatten. Du, lieber Matteo, warst schon dort. Ich stellte mir in meiner Fantasie vor, dass du meine Familie herzlich willkommen heißt, mit einem kleinen Apero und mit der leckeren Farinata, die ich so liebte. Eine feine Spezialität in Ligurien, aus Kichererbsen gemacht. Deine Begrüßung war aber eher lieblos. Alles, was du uns zu sagen hattest, war, dass wir ja viel zu viel Gepäck mitgebracht hätten. Ach echt, ist halt so mit Kindern. Da möchte man den Sachen in den Ferien nicht hinterherrennen. Ich spürte, wie eine Angst in mir hochkroch, die ahnen ließ, dass diese Ferien geprägt sein könnten von vielen Vorbehalten gegenüber uns. Als ich mir dann noch erlaubte zu fragen, ob wir einen Prosecco ausleihen dürften (wir ersetzten ihn später natürlich wieder), sagtest du zu mir „neein“, mit einer großen Betonung auf dem „e“. Du hast gelacht und gesagt, es sei nur Spaß, als du mein konsterniertes Gesicht gesehen hast. Ich empfand es, als seien wir nicht wirklich willkommen.

Ich weiß noch, wie du damals begrüßt worden bist in unserer Familie, nachdem du als verheirateter Mann zu meinen Eltern gingst und ihnen beichten musstest, dass ich von dir schwanger war. Magst du dich erinnern, wie du liebevoll und mit vollstem Verständnis aufgenommen wurdest? Mein Vater hätte dich auch mit Schimpf und Schande des Hauses verweisen können. Hat er aber nicht. Du wurdest bei uns immer großzügig bewirtet und behandelt. So funktioniert unsere Gastfreundschaft. Ich merkte also schon in den ersten Minuten, dass wir dir alle zu viel waren. Vielleicht tue ich dir Unrecht, aber leider kam es so rüber. Ein Nein im Vorfeld, dass wir unsere Ferien woanders verbringen sollten, hätte gereicht. Das wäre auch kein Problem für uns gewesen. Es gibt so viele schöne Orte auf der Welt.

Der zweite Eklat war dann meinem Papa gewidmet. Du hast ihm total respektlos gesagt, dass sein Shirt völlig veraltet sei und er so nicht ins Restaurant könne. Ich weiß aber, dass er dieses Shirt über alles liebte, weil es ihn an die gemeinsame Zeit mit Mama erinnerte, die leider vor zwei Jahren gestorben war. Wie kann man einen Menschen so vor den Kopf stoßen. Sehr speziell. Und Papa zog sich tatsächlich ein anderes an. Nun gut, wahrscheinlich war es nur unüberlegt von dir und sicher nicht böse gemeint. Deine nächste Respektlosigkeit folgte im Restaurant gegenüber unserem Sohn. Unser Sohn hört viel Musik übers Handy, natürlich mit den Steckern in den Ohren. Er vergaß dann am Tisch, sie aus den Ohren zu nehmen. Ich bat ihn, dies zu tun. Worauf du mit Anschuldigungen kamst, dass ich nur noch sprachlos dasaß. Du sagtest ihm tatsächlich vor der ganzen Familie, er sei nur am Gamen und wäre nur in seinem Zimmer, wenn er auf Besuch käme, und dies in einem solch beleidigenden Tonfall, dass dich alle fassungslos ansahen. Unser Sohn bleibt meistens sehr ruhig bei einer Auseinandersetzung, was ich an ihm sehr schätze. Aber in diesem Moment, blamiert vor der ganzen Familie, wurde er ziemlich laut und bestimmt. Er sagte zu dir, dass du keine Ahnung hättest von ihm und ihn doch einfach in Ruhe lassen solltest. Ich habe seine Reaktion in diesem Moment vollkommen verstanden. Sie war bestimmt und selbstbewusst. Jedenfalls war das Thema somit beendet. Wir haben das feine Essen genossen und der Abend blieb ruhig. Es hing aber immer die Angst in der Luft, ja nichts Falsches zu sagen. An diesem Abend, als wir zusammen im Bett lagen, nahmst du einfach meine Hand und hieltest sie. Ich bewegte mich nicht und verharrte in dieser kleinen, schönen Geste. Am nächsten Morgen schliefen wir tatsächlich wieder einmal miteinander, es war schön, dich zu spüren, doch ich glaube, wir beide merkten, dass unsere Seelen weit voneinander entfernt waren.

∞

Der Höhepunkt folgte ein paar schöne Tage später. Du sagtest uns, dass du ein befreundetes italienisches Ehepaar eingeladen hattest. Dazu hattest du bei deiner Cousine, die in der Nähe wohnte, gefüllte Muscheln bestellt. Ich liebe diese Spezialität aus dieser Gegend. Wir deckten unterdessen den Tisch, genossen ein Apero und freuten uns auf einen gemütlichen Abend. Das Essen verlief gesprächig und schön. Du hast dich mit deinen Gästen unterhalten und wir uns unter uns, da wir nur wenig Italienisch sprechen. Als ich in die Küche ging, um Wasser zu holen, kam meine jüngere Schwester völlig entgeistert zu mir und sagte, dass du eben am Tisch einen Satz gesagt hättest, der sie schwer getroffen hätte. Ich konnte nicht mal fragen, was, denn da standest du schon neben uns. Dazu muss ich sagen, dass meine Schwester eine ziemlich tiefe, bestimmte und laute Stimme hat, da sie eine alleinerziehende und hundert Prozent arbeitende Mutter ist und sich daher im Berufsleben durchsetzen muss. Also fragte sie dich nun sehr harsch, Matteo, wie du das eben gemeint hattest, als du am Tisch gesagt hattest „la familia ha fame", also „die Familie hätte Hunger". Was nicht auf das Essen bezogen sein konnte, da dies ja bereits beendet war! Sie sagte dir, sie fände dies nicht lustig, zumal sie keineswegs auf dich und deinen Reichtum angewiesen sei. Du warst ziemlich aufgebracht, gingst nach draußen und fragtest das italienische Paar, ob er dies despektierlich gemeint hätte. Sie verneinten dies zwar, für uns war es aber schwer einzuschätzen, wie du dies nun genau gemeint hattest. Anstatt meinen Mund zu halten, fragte ich noch einmal nach, dass du doch bitte erklären könntest, was du damit genau hattest sagen wollen. Da ich zum Zeitpunkt deiner Aussage nicht am Tisch gewesen war, fragte ich halt einfach nach. Es gab eine riesige Diskussion. Bei mir und meinen Kindern bist du immer sehr großzügig. Aber auch wenn du damit uns gemeint hättest, wäre es nicht sehr nett gewesen, so etwas dem Ehepaar zu sagen. Zumal ich dich, und das möchte ich betonen, kennengelernt und mich in dich verliebt habe, als du alles andere als reich gewesen bist. Das Geld kam viel später dazu. Du sagtest mir immer, ich hätte dich inspiriert, dein Bestes zu geben. Aber das ist schon einige Zeit her und ich erzähle euch dies später. Du sagtest dann genau dies, dass du mich und natürlich deine baldige Exfrau damit gemeint hättest. Das tat mir weh und deiner zukünftigen Exfrau hätte dies bestimmt auch weh getan, denn wir beide standen immer ebenso an deinen schlechten Tagen zu dir. Also endete dieser Abend in einem gehörigen Fiasko. Ich war beleidigt, du natürlich ebenfalls, weil du dich offensichtlich ertappt fühltest. Vielleicht warst du dir nicht bewusst, dass man Menschen mit einer solchen Aussage kränken kann. Es gab einen gehörigen Streit, auch zwischen mir und meiner Schwester. Ich warf ihr Neid vor und dir viele unschöne Sachen, die sich in mir angestaut hatten. Wir zankten uns ganz schön heftig. Ich hatte einen richtigen Wutausbruch. Konnte kaum mehr aufhören, so aufgebracht war ich. Alles, was sich in der letzten Zeit aufgestaut hatte, quoll aus mir heraus. Die Quintessenz daraus war, dass ich im Gästezimmer landete. Bei uns Schwestern muss ich dazu sagen, dass es ab und an mal hitzig wird. Aber wir lieben uns. Und am nächsten Morgen lagen wir uns mit Frieden wieder in den Armen. Als meine Schwester sich bei dir entschuldigen wollte, wiesest du sie zurück. Beim Verzeihen darf man nie vergessen, was die Person, die darum bittet, vorher so vieles richtig gemacht hat. Und gewonnen hat immer der, der verzeihen, lieben und sich entschuldigen kann.

∞

Also, diesen Tag verbrachten wir, ohne dass du mit uns redetest, auch wenn ich dich darum bat, es doch gut sein zu lassen. Du drohtest uns sogar damit, dass wir dein Haus verlassen und dich einfach in Ruhe lassen sollten. War dies jetzt der Moment, auf den du gewartet hattest? Uns zu zeigen, wie die Machtverhältnisse waren und dass wir nichts hinterfragen durften. Gut, der Streit hätte nicht sein müssen. Aber war es denn wirklich so schlimm, dass sie dich gefragt hatte, wie du dies mit dem Hunger gemeint hattest? Dieser Streit hat auch gezeigt, dass die Menschen in dieser außergewöhnlichen Pandemiesituation extrem angespannt sind und nichts ertragen, inklusive mir. Vielleicht gibt es Sätze im Italienischen, die, wenn man sie ins Deutsche übersetzt, eine etwas andere Aussage ergeben. Darüber müsste man aber sprechen. Wenn nicht darüber gesprochen wird, ist es immer etwas nicht Verstandenes, das in der Luft hängt wie eine schwarze Wolke. Schöner wäre doch ein wolkenfreier, blauer Himmel, am besten noch mit Sonnenschein. Doch eben, diese Wolke ist anscheinend sehr schwarz und dicht.

Wir verbrachten den nächsten Tag am Strand, genossen die Sonne, auch wenn ich jetzt nicht gerade sagen kann, dass ich glücklich gewesen wäre. Und unser Sohn blieb im Haus und ich vermisste ihn, da wir in den Familienferien sonst immer alles gemeinsam unternahmen. Ich glaube, er brauchte einfach einen Tag Ruhe, da er unseren Streit total daneben empfunden hatte. Was er ja auch war.

Am Abend, nach dem Nachtessen, spielten wir Karten. Bei uns in der Schweiz ist dies das Jassen. Dieses Spiel hast du, lieber Matteo, während Corona lieben gelernt. Ja, du bist ein großer Fan des Jassens geworden und hast schnell verstanden, wie es geht. Ich jasse, seit ich denken kann, und hatte auch schon einen Jass-Club. Während des Spiels schien die Welt wieder in Ordnung zu sein. Trotzdem ging ich schön brav ins Gästezimmer schlafen. Plötzlich standest du in meinem Zimmer und sagtest zu mir, ich könnte schon rübergehen ins große Schlafzimmer, du würdest dann hier im Gästezimmer schlafen. Ich schätzte das sehr. Aber auf keinen Fall wollte ich dich aus deinem

Schlafzimmer vertreiben. Als ich verneinte, wolltest du rausgehen, drehtest dich aber nochmals zu mir und sagtest mir, dass du gerne mit mir schlafen möchtest. Ich war überrascht und fragte nur, ob dies dein Ernst wäre. Worauf du mir einen Kuss gabst und schlafen gingst. Ich lag noch lange wach und dachte über so viele Dinge nach.

Am nächsten Tag machten wir einen Ausflug nach Pisa. Es ist schon beeindruckend, diesen schiefen Turm aus der Nähe zu sehen. Du bist im Haus geblieben und hast gearbeitet. Als wir wieder zurück waren, gingen wir alle in eine Pizzeria. Also, nicht alle, denn als ich aus der Dusche runterkam, warst du mit unserem Sohn weg. Meine Schwestern sagten mir, dass du mit ihm alleine Pizza essen gehen wolltest. Als ich dich auf dem Handy anrufen wollte und die Verbindung nicht gleich funktionierte – das heißt, ich hörte dich, du mich nicht – sagtest du zu unserem Sohn, dass ich dich als Konkurrenz sehe, darum würde ich dich anrufen. Was natürlich alles andere als wahr ist. Ich hätte in den Ferien gerne einfach alle an einem Tisch gehabt. Ja, das war nicht wirklich cool von dir.

Am darauffolgenden Abend bist du dann wieder mit uns essen gekommen. Wir gingen in ein Lokal, dass in der Nähe deines Hauses war und zu dem wir zu Fuß gehen konnten. Die Kinder und meine Schwestern liefen voraus, du und ich bildeten das Schlusslicht. Unterwegs nahmst du plötzlich meine Hand und so liefen wir zu der Pizzeria. Hand in Hand. Die anderen warteten auf uns und als wir ankamen, sagte mein Sohn erstaunt, dass das etwas ganz Neues sei. Ich glaube, er freute sich darüber, dass wir Hand in Hand kamen. Weder er noch ich waren über den Satz erfreut, den du dann äußertest. Du sagtest so richtig arrogant zu ihm, ich sei halt wieder in dein Bett gekrochen. Wow. Nein, lieber Matteo, du standest in meinem Zimmer und fragtest nach Sex, vergessen? Hast du nicht gemerkt, wie sehr du mich vor unserem Sohn verletzt hast? Nein, ich glaube tatsächlich, dass dir das nicht bewusst war. Hauptsache, du stehst gut da. Nach dem Motto: Nach mir die Sintflut. Für mich waren in diesem Moment die Ferien gelaufen. Ich schaltete jeglichen Rest von Gefühlen aus und wollte eigentlich nur noch nach Hause. Aber ich konnte meiner Familie die Ferien nicht verderben mit meinen verletzten Gefühlen. Von diesem Moment an ging alles, was du sagtest, durch mich hindurch. Der letzte Funke war gestorben. Also doch, unsere Liebe war endlich.

∞

Brief von dir vom 13. Februar 1999

„Was die Beziehung mit dir in mir ausgelöst hat und wie groß mein Bedürfnis nach deinem wunderbaren Wesen ist, möchte ich dir mit folgenden Zeilen wiedergeben:
Ich schreite durch meine Welt – es ist eine gute, glückliche Welt. Eines Tages stehe ich vor einer Tür, sie ist reich geschmückt und eine liebliche Stimme ertönt hinter ihr. Trotzdem gehen alle an ihr vorbei – sie sei halt verschlossen, berichtet man mir. Was verbirgt sie, ich will es wissen und bitte danach, mich eintreten zu lassen. Verschlossen? Wohl kaum! Sie öffnet sich, und ich trete ein in einen wunderbaren Raum. Es gibt hier Höhen und Tiefen sowie ungeahnte neue Eindrücke. Umhüllt von einer nie zuvor empfundenen Wärme, schöpfe ich neue Kräfte. Ich fühle mich, als ob mein Leben erst jetzt begonnen hätte. Gestärkt durch dieses neue Bewusstsein, öffnen sich auch die Türen zum Erfolg. Mir dir an meiner Seite erlebe ich Liebe und Glückseligkeit ohne Ende, denn die Grenze meines neuen Seins ist die Unendlichkeit! Mein Liebling, ich danke dir für die wunderbare Zeit, die ich mit dir verbringen durfte. Es hat in meinem Leben nie etwas Vergleichbares gegeben, und ich versichere dir, dass meine Liebe zu dir nie enden wird.

Ti amo, Matteo.“

∞

März 1997

Mein Name ist Anielle. Ich werde im Juli 29 Jahre alt. Und mein Leben steht gerade vor einem Wendepunkt. Ich gehöre nicht wirklich zu den Frauen, die heiraten möchten. Trotzdem kam mein Freund eines Tages nach Hause und sagte zu mir, dass er uns zum Heiraten auf dem Standesamt angemeldet hatte. Wahnsinnig romantisch, nicht? Unser Hochzeitstag war dann aber ein riesiger Event und nach einem Jahr war alles wieder aus. Ich liebte ihn nicht mehr. Tatsache war, dass ich verheiratet war. Ich ging immer mehr meine eigenen Wege. Da ich selbständig war, konnte ich meine Zeit einteilen, wie ich mochte. In dieser Zeit des Loslassens bist du mir, lieber Matteo, über den Weg gelaufen. Du hast in meiner Stadt eine Bar eröffnet. Also, genau diese Bar, die du Peppermint Patty nanntest, wurde zu unserem Schicksal und zu meinen schönsten Jahren meines Lebens in Sachen Liebe. Und ich glaube, zu deinen auch. Der Zufall wollte es, dass du meinen Bruder kanntest. Du erzähltest ihm von deinem Vorhaben mit der Bar und er sagte dir, dass meine Schwester das Wirtepatent hätte und du sie doch fragen sollst, ob sie die Bar führen möchte. Und so kam es dann. Am Tag der Eröffnung war ich ebenfalls unter den Gästen. Wenn ich dich an diesem Abend auch nur von weitem sah, versprühtest du diesen Sexappeal, der mich unglaublich anmachte. Ich fand dich umwerfend. Doch das Schicksal sollte erst ein paar Tage später richtig zuschlagen. Ich war mit meiner Freundin Lexi dort und wir saßen an dem großen Tisch mit vielen Kollegen. Wir plauderten und hatten es lustig. Ich hatte dich ehrlich gesagt auch gar nicht bemerkt, bis zu dem Moment, als du plötzlich hinter mir standest und mir sagtest, dass ich ziemlich verspannt aussehen würde. Du fingst ungefragt an, meine Schultern zu massieren. Ja, du konntest dies gut, ich spürte deine kräftigen, großen Hände. Es tat echt gut. Allerdings war es aber auch ein wenig ungewohnt, dies einfach so zu machen. Nachdem du aufgehört hattest, setztest du dich neben mich, nahmst ein Glas vom Tisch und wolltest mit mir anstoßen. In diesem Augenblick, der mein ganzes Leben verändern sollte, beugtest du dich zu mir rüber und küsstest mich einfach auf den Mund. Ganz frech und unerwartet. Vor all meinen Bekannten. Da passierte etwas, was ich noch nie in meinem gesamten Leben verspürt hatte. Dieser sanfte Kuss war nur einen kurzen Moment auf meinen Lippen zu spüren, er löste aber eine riesige Explosion in meinem Körper aus, die bis hinunter zu meinen Zehen zu spüren war. Ich verliebte mich genau in diesem Moment in dich. Und ich spürte, dass es dir genauso erging. Dies war also der Kuss der Liebe, so fühlte er sich an. Um diesen einen kurzen Kussmoment noch einmal zu verspüren, würde ich heute alles geben. Ich war komplett geflasht. Von diesem Moment an trafen sich unsere Blicke den ganzen Abend, bis die Bar geschlossen wurde. Wir gingen alle noch weiter in einen Club. Auch du hast uns begleitet. Im angesagten Air Club hoch oben über den Dächern meiner Stadt standen wir nun in einer Ecke, schlossen uns in die Arme und küssten uns den ganzen Abend. Wir vergaßen Zeit und Raum. Ich fühlte mich wie in einer Kapsel, losgelöst und schwebend. Als die Musik ausging und wir alle nach Hause gehen wollten, fragtest du mich, welchen Weg ich denn jetzt nehmen würde, um nach Hause zu fahren. Da ich mit dem Auto unterwegs war, dachte ich mir in diesem Moment noch nicht wirklich, aus welchem Grund du mich das fragtest. Da ich damals noch bei meinem Mann etwas außerhalb der Stadt wohnte, erklärte ich dir, dass ich die Straße am See entlang nehmen würde und nicht die Autobahn. Als ich losfuhr, hatte ich ein unglaubliches Hochgefühl in mir. Die Schmetterlinge in meinem Bauch tanzten wie wild. Etwas außerhalb der Stadtgrenze sah ich plötzlich einen Mann am Straßenrand stehen, der Autostopp machte. Als ich näherkam, sah ich, dass du das warst, Matteo. Mein Herz rutschte mir förmlich in die Hosen. Ich hielt an und du stiegst zu mir ins Auto. Wir fuhren irgendwo auf einen Parkplatz und du fingst an, mich leidenschaftlich zu küssen. Uns hielt nichts mehr zurück. Wir rissen uns die Kleider förmlich vom Leib. Wir wollten uns einfach nur noch spüren. Dass wir dies in einem Auto taten, war uns gerade ziemlich egal, ich fühlte mich, als wäre ich in einem riesigen Himmelbett. Noch nie zuvor hatte ich eine solche Lust und ein solches Begehren empfunden. Wir verschmolzen komplett. Dies war die göttliche Vollkommenheit. Von diesem Moment an konnten wir nicht mehr ohne einander sein. Die ersten paar Wochen trafen wir uns oft dreimal am Tag, liebten uns, fuhren wieder zur Arbeit und liebten uns dann wieder. Du warst der respektvollste und großzügigste Liebhaber, den man sich nur wünschen kann. Es war einfach so unbeschreiblich schön, dich zu spüren. Wir schwebten auf Wolke sieben.

∞

In dieser Zeit drang dann auch das erste Mal der Gedanke durch meine „Vernebeltheit“, dass du verheiratet bist. Ich schoss diesen Gedanken oft durch diesen dicken Nebel wieder zurück. Logischerweise kam er wie ein Bumerang wieder zurück. Und als ich dir zum ersten Mal sagte, dass dies eigentlich nicht meine Vorstellung einer Beziehung sei, sagtest du mir, dass du nie mehr ohne mich leben möchtest. Aber dass du deine andere Familie nicht im Stich lassen willst. Ich muss dazu sagen, dass ich zu dieser Zeit dabei war, meine Scheidung vorzubereiten. Ich wollte einfach frei sein. Für dich und für mich natürlich. Ich freute mich auf den Moment, mein Herz von allen Altlasten frei zu machen. Da mein Mann sich damals noch weigerte, sich scheiden zu lassen, dauerte dies über ein Jahr, bis dieser Moment dann endlich eintraf. Jedenfalls beendete ich zudem noch meine Liebschaft zu dir. Mein Herz wollte dich einfach mit niemandem teilen. Ich sagte mir damals: entweder ganz oder gar nicht. Und da du nicht in der Lage warst, eine Entscheidung zu treffen, tat ich dies. Ich weiß noch, wie wir zwei auf der Kellertreppe deiner Bar saßen, als wir darüber redeten. Du sagtest unter Tränen, dass deine Kinder einfach noch zu klein waren. Du könntest nicht einfach alles hinschmeißen. Du hast am ganzen Körper vor Schmerz gebebt. Du wolltest mich nicht gehen lassen. Wir lagen uns beide in den Armen. Es tat so unglaublich weh, zu wissen, dass wir uns nicht haben können. Es hat uns förmlich zerrissen. Ich wusste genau, dass auch ich ohne dich nicht mehr leben wollte. Trotzdem stand ich auf und ging. Ich werde diesen schmerzhaften Moment niemals vergessen. Es fühlte sich an, als ob mein Körper mit tausend Nägeln durchbohrt wurde. Die nächsten Tage funktionierte ich wie ein Roboter. Ich ging zur Arbeit, fiel am Abend ins Bett und weinte mich in den Schlaf. Meine Sehnsucht war unermesslich riesig.

Als ich nach etwa 10 Tagen meine Eltern besuchte und wegfahren wollte, sah ich einen Zettel unter meinem Scheibenwischer. Darauf stand: Ich liebe und vermisse dich! So fest ich mir auch vorgenommen hatte, nicht mehr in deine Bar zu gehen, so sehr schrie mein Körper jetzt, geh schon, geh schon. Und was tat ich? Ich fuhr auf direktem Weg in deine Bar. Klar, ich wollte ja nur meine Schwester besuchen, sagte mir das Teufelchen auf meiner linken Schulter. Das kleine Engelchen auf der rechten Schulter, das eigentlich genau wusste, dass ich dies nicht tun sollte, war längst zusammengebrochen und konnte nicht mal mehr „pieps" sagen. Gut, ich liebe natürlich auch meine Schwester. Wegen ihr wollte ich dorthin, redete mir das Teufelchen ein. Aber es war so klar, so unaufhaltsam. Ich wollte dich sehen. Ich hoffte so sehr, dass du dort sein würdest. Von ganzem Herzen zog es mich dorthin. Mein Herz schlug wie wild, als ich die Bar betrat. Und dann sah ich dich. Unsere Blicke trafen sich und wir verschlangen uns von weitem. Du kamst zu mir, gabst mir einen Kuss auf die Wange und flüstertest mir „ich liebe dich" ins Ohr. Ich saß nun da bei dir in der Bar und wir konnten es nicht abwarten, uns zu spüren. Es dauerte dann auch nicht lange und du fragtest mich, ob wir gehen können. Dein Büro war nur fünf Minuten von der Bar entfernt. Wir rannten fast dorthin. Rissen uns die Kleider vom Leib und liebten uns die ganze Nacht. Diese Anziehungskraft, die du auf mich hattest, war von einer Urgewalt. Noch nie hatte ein Mann mich solche Gefühle spüren lassen, die ich in deinen Armen hatte. Diese Liebe war für uns so rein und ehrlich, als wäre sie direkt von Gott entsandt worden. Wir vergaßen einmal mehr alles um uns herum. Zeit, Raum und was mir mein Engelchen auf der Schulter eigentlich sagen wollte: Anielle, er ist ein verheirateter Mann. Nur, mein Kopf und mein Herz waren voll mit Liebe, nichts anderes hatte mehr Platz. Und dies für eine sehr lange Zeit. Wir trafen uns wieder jeden Tag. Es war so, als würde die Sonne nur noch für uns scheinen. Wir liebten uns überall. Ich kann mich noch erinnern, als wir beim Chinesen etwas essen waren, kam nach einiger Zeit eine ältere Frau, die einen Tisch von uns entfernt saß, zu uns rüber uns sagte uns, was für ein schönes Paar wir waren. Wir strahlten die Liebe so richtig aus, sie umhüllte uns wie Seide.

∞

In dieser Zeit zog ich für ein paar Wochen zu meiner Schwester, die auch in meiner Stadt wohnte. Mein Arbeitsweg war nun um einiges länger, dafür war ich dir umso näher. Wir konnten nicht ohne einander sein. Wir liebten uns so unendlich und verschmolzen gänzlich in uns. Wir lebten in einer anderen Welt, in der wir dachten, uns würde nie wieder etwas trennen. Wenn ich heute an diese Zeit denke, verspüre ich immer wieder diese unendlich vielen Glücksmomente. Doch dann kam es zu unserer zweiten Trennung. Denn deine Frau wurde immer wieder zum Thema. Sie war wie ein kleiner böser Virus, der durch unsere Liebe geisterte. An den Wochenenden warst du nie da. Und dies war nicht einfach für mich, ich hatte genug Zeit zum Nachdenken. Und eigentlich war dies gar nicht meine Vorstellung von einem Lebensmodell – die Beziehung zu einem verheirateten Mann. Ich wollte mehr. War das so falsch? Ich denke nicht. Ich hoffte so sehr, dass du mich nicht gehen lassen würdest. Aber du hast es getan. Wir weinten beide wieder bei dieser Entscheidung. Und so zog ich für kurze Zeit wieder zu meinem Mann zurück. Ich wusste, dass ich mich scheiden lassen wollte. Aber ich brauchte vorübergehend eine Bleibe. Es war eine schlimme Zeit. Ich hatte solchen Liebeskummer. Furchtbar. Ich habe auch meinen Mann um mich herum nicht mehr ertragen.

Und dann passierte etwas richtig Cooles. Meine heute allerbeste Freundin Nena bot mir an, zu ihr ins Haus zu ziehen. Sie hatte sich vor kurzem auch scheiden lassen. Mein Mann und ihr Exmann waren damals beste Freunde. Wir beide, Nena und ich, standen uns zu dieser Zeit eigentlich nicht sehr nahe. Wir hatten zwar einen gemeinsamen Jass-Club, aber gemocht hatten wir uns nicht wirklich. Trotzdem nahm ich ihr Angebot an. Wir waren ja sozusagen Leidensschwestern. Denn meine Scheidung nahte. Es fühlte sich so gut an bei ihr. Es war eine meiner besten Erfahrungen in meinem Leben. Eine WG mit einer Frau. Nichts Besseres hätte mir damals passieren können. Ihre beiden Mädchen waren damals sechs und acht Jahre alt. Sie wuchsen mir in diesen gemeinsamen Jahren, die auf uns zukamen, so richtig ans Herz. Nena wohnte damals noch im Haus ihres Exmannes. Es war voll von Erinnerungen für sie und wir sprachen oft darüber, ein eigenes Haus für uns zu suchen, einen Neuanfang zu wagen. Diese Diskussionen entstanden oft, während sie malte. Wir tranken Rosé und fühlten uns toll dabei. Einmal schlug sie mir vor, anstatt ihr beim Malen nur zuzusehen, könnte ich doch ein eigenes Bild machen. Was ich dann auch tat. Dies war der Anfang meiner heutigen großen Leidenschaft. Ich habe seither über hundert Bilder gemalt. Die Momente in denen ich male, sind voll mit Ruhe und Glückseligkeit. Also, lieben Dank an dich, Nena, für deine Inspiration damals. Das Eigenes-Haus-Projekt ließ uns keine Ruhe. Und wir fingen an zu suchen. Wir schauten Inserate an und gaben ein Eigenes auf, worauf wir bald auch Rückmeldungen bekamen. Ein Haus etwa 20 Kilometer außerhalb meiner Stadt war damals unser Favorit. Es war riesig: 7 Zimmer und ein großer Garten. Das wäre es genau gewesen. Und wir hatten Glück. Der Besitzer mochte uns und zwei Monate später zogen wir ein. Nena eröffnete ihr Coiffeur Geschäft und ich mein Hauttherapieinstitut. Es war wunderbar. Wir hatten ein eigenes Zuhause ohne Altlasten.

∞

Seit geraumer Zeit hatte ich auch wieder angefangen, dich Matteo, zu treffen. Wir verabredeten uns eigentlich nur zu einem Kaffee. Ja klar, nur! Ich weiß noch genau, wo das war. Wir sahen uns, und schon war es wieder passiert. Ja, wer hätte das gedacht! Ironie off. Wir küssten uns schon auf dem Parkplatz von diesem Restaurant, fuhren dann zusammen in einen nahen Wald und liebten uns, als hätte es nie was anderes gegeben. So fing unsere Leidenschaft füreinander wieder an. In dieser Zeit hast du oft gesagt, sobald deine Kinder erwachsen wären, würde dich nichts mehr bei deiner Frau halten. Heute streitest du ab, so etwas jemals gesagt zu haben. Na gut. Sei es so. Zum Glück hast du es auch vor Nena und meiner Familie gesagt. Also war es so. Ich glaube, du hast dies damals auch so gefühlt und eigentlich vorgehabt. Nur, das Leben kam dann immer dazwischen. Da ich mein Geschäft wieder neu aufbauen musste, nahm ich noch einen Job bei einer großen Kosmetikfirma an. Ich reiste durch die ganze Schweiz und besuchte die Filialen. Es war eine erfüllte Zeit damals. Wir hatten so viel Spaß und waren voll mit Liebe. Die Hoffnung, dass du eines Tages frei sein würdest, geisterte schon in meinem Kopf herum. Wenn ich heute zurückschaue, muss ich manchmal über meine unbeschwerte Zuversicht schmunzeln. Du sagtest mir immer, dass du mich niemals betrügen könntest. Ich glaube dir sogar, dass du dies auch genauso meintest. Und trotzdem weiß ich, dass du immer mal wieder mit deiner Frau geschlafen hast. In deinen Augen war dies kein Betrug, sondern ein notwendiges Übel, damit sie nichts merkte. Trotzdem, lieber Matteo, war es natürlich Betrug. Wenn du mit ihr schliefst, war es Betrug an mir, wenn du mit mir schliefst, war es Betrug an deiner Frau. Lustigerweise hat meine Psyche dies damals vollständig ausgeblendet. Heute sehe ich dies natürlich schon ein wenig anders.

Und dann passierte etwas, was so nicht hätte passieren dürfen. Jedenfalls aus meiner Sicht. Ich wurde schwanger. Als ich es dir sagte, reagiertest du sehr emotional darauf. Trotzdem haben wir uns dagegen entschieden Es fühlte sich einfach nicht richtig an. Vor allem für dich. Du bist dann auch mitgekommen zu diesem obligaten, peinlichen Gespräch beim Psychiater, das so viel nutzte wie ein Regentropfen auf einer verdorrten Pflanze. Aber gut, lassen wir es. Dies ist ein anderes Thema. Diese Fehlentscheidung ist allerdings das Einzige, was ich heute von Herzen bereue. Und es gibt keine einzige gültige Ausrede dafür. Darüber zu sprechen, fällt mir immer noch sehr schwer. Es war eine wirklich schmerzhafte Erfahrung. Umso dankbarer bin ich heute aber für meine beiden wunderbaren Kinder, die später in mein Leben kamen. Und die mein Herz jeden Tag füllen mit einem riesigen Glücksgefühl. Wir waren uns nach diesem Vorfalleine Zeitlang nicht mehr ganz so nahe. Seitdem weiß ich, dass ein Mensch unglaublich viel ertragen kann. Es hinterlässt zwar Spuren, aber ebenso Stärke. Das Glück, das ich all die Jahre hatte, waren gute Menschen um mich herum, tiefe Freundschaften und eine tolle Familie. Familie zu haben, ist das Innigste und Beste, was Menschen erleben dürfen. Habt Sorge dazu, versucht euch zu vertragen und euch, so gut es geht, das Meiste zu verzeihen. Somit habt ihr bis ans Lebensende das größte Geschenk, das Gott oder das Universum oder wer auch immer uns schenkt. Meine Freundin Nena war so ein Geschenk. Wir hatten eine wunderbare Zeit zusammen. Es gibt tausend Momente, die ich nie vergessen werde. Wir lachten und quatschten so viel, es war einfach eine Bereicherung. Nena hatte, kurz bevor wir umzogen, ebenfalls einen Mann kennengelernt. Allerdings war er noch mit einer anderen Frau liiert, was er am Anfang verschwiegen hatte. Auch bei ihnen dauerte es ein paar Jahre, bevor sie dann doch noch heirateten. Darum waren wir beide, wenn ihre Kinder beim Vater waren, an den Wochenenden ab und zu alleine. Dann sind wir einfach losgefahren. Einmal nach Cannes, dann nach Venedig oder wir malten einfach das ganze Wochenende. Wir fühlten und großartig. Wenn Nena am späten Abend noch reden wollte, ich aber bereits im Bett lag, rief sie mich aus der Küche an und sagte: „Sofort in die Küche mit dir, der Wodka steht parat." Ach, was war dies doch für eine coole Zeit. Ich komme aus dem Schwärmen gar nicht mehr heraus! Ich versuchte in dieser Zeit, andere Männer kennenzulernen und traf mich mit ein paar wenigen. Aber mehr als ein Essen oder ein Drink wurde nie daraus. Ich konnte einfach nicht. Mein Herz war besetzt, voll mit dir, Matteo. Unsere Beziehung wurde wieder enger und da du niemals über den Abbruch meiner Schwangerschaft sprechen wolltest, geriet dies für lange Zeit in eine tief gelegene Schublade bei mir im Kopf. Was sind wir doch für Zauberer, wir Menschen.

∞

„Verliebt“
Studie nach Giorgio de Chirico
Acryl, 70 x 100

„Bei sich sein“
Öl, 100 x 150

„Kornfeld“
Studie nach Monet
Öl, 60 x 80

„Seelenspiegel"
Studie nach Dali
Öl, 150 x 100

„Aufbruch“
Studie nach Franz Sedlacek
Öl, 60 x 50

„Architektur als Begegnung“
Öl, 100 x 80

„Sehnsucht“
Öl, 80 x 80

„Pater Noster“
Öl/Acryl, 100 x 100

„Gemeinschaft“
Studie nach Picasso
118 x 70

„Tränen“
Öl, 80 x 60

„Simonetta“
Studie nach Sandro Botticelli
Öl, 60 x 50

„Feel in love“
Studie nach Klimt
Öl, 100 x 70

„Selbstbewusst“
Studie nach Leonardo da Vinci
Öl, 50 x 60

„Stille“
Studie nach Franz Sedlacek
Öl, 80 x 60

„Vision am Strand“
Studie nach Alberto Savinio
Öl, 60 x 80

„Leichtigkeit des Seins"
Studie nach Ferdinand Hodler
Öl, 70 x 100

Da ich damals in meinem Geschäft noch nicht ganz ausgelastet war, fragtest du mich, Matteo, ob ich in deiner Firma arbeiten möchte. Ich kündigte meinen Nebenjob bei der Kosmetikfirma und habe dir zugesagt. Ich arbeitete nun auch noch für dich. Ich fragte mich am Anfang, ob dies gut geht. Aber es war eine coole Zeit für mich. Wir sahen uns jeden Tag. Deine drei engsten Mitarbeiter wussten damals von uns. Doch ich denke, nach den vier Jahren, in denen ich in deiner Firma war, wussten es mit Bestimmtheit fast alle. In dieser sehr intensiven Phase unserer Liebe bemerkte ich, wie du große Macht auf Menschen ausüben konntest. Du warst nicht immer nur ein gerechter und netter Chef. Ich sah in dieser Zeit einige Mitarbeiter verzweifeln oder sogar weinen. Zu mir warst du in dieser Zeit immer sehr gerecht, wir waren aber auch wieder sowas von verliebt ineinander. Und dann passierte es wieder. Ich war schwanger. Diesmal war es für dich und für mich keine Frage. Wir wollten dieses Kind. Finanziell ging es dir damals schon gut und wir freuten uns so über das Wunder, das kommen sollte. Ich zog gegen Ende der Schwangerschaft bei meiner Freundin aus. Ich hatte in der Nähe eine hübsche Wohnung gefunden und freute mich so auf mein Baby. Die neun Monate gingen im Flug vorbei. Ich ging viel schwimmen, ernährte mich gesund und fühlte mich wunderbar. Es gab mit dir Matteo lediglich einen Vorfall während der Schwangerschaft, der mir damals sehr komisch vorkam. Als ich das Kinderbett kaufte, das hinten eine geschwungene Linie hatte, sagtest du zu mir, das wäre nicht gut, es würde ein nicht sehr kluges Kind geben und ich sollte das Bett gegen ein anderes eintauschen Das sagtest du echt, Nena war dabei und wir schauten dich an, als kämst du aus einer anderen Welt. Wir erwähnen dies heute immer mal wieder, Nena und ich, und schmunzeln darüber. Denn unsere Tochter schlief ja dann in diesem geschwungenen Bett. Und sie ist ein sooo intelligentes Mädchen geworden, die heute an der Uni studiert. Na ja, wie auch immer du dies gemeint hast, es wird ein ewiges Rätsel bleiben. Und dann kamst du, meine geliebte, heute zwanzigjährige Tochter auf die Welt. In diesem Moment ist in meinem Herzen die Sonne aufgegangen. Was für ein Moment. Sein eigenes Kind in den Armen zu halten, diese unendliche Liebe zu spüren, die alles übertrifft an Gefühlen, die es gibt. Ich schwebte vor Glück. Ich wusste nun, was bedingungslose Liebe war, entstanden in Sekunden und für die Ewigkeit gedacht. Niemand wird diese Liebe jemals zerstören können. Die ersten drei Monate war ich so auf meine Tochter fixiert, dass ich alles ringsum vergaß. Ich war einfach unglaublich glücklich. Daneben spürte ich aber, dass du mit dieser Situation hadertest. Ich bemerkte oft, dass du wahrscheinlich selber nicht glauben wolltest, was du getan hattest. Eine zweite Familie gründen – ja, das war nun so. Du hast dann oft von einer Sekunde auf die andere die Flucht ergriffen. Diese Situation ist für dich sicher nicht einfach gewesen. Aber, lieber Matteo, jederzeit änderbar. Als ich meine Arbeit mit der Geburt von unserer Tochter reduzierte, spürte ich dann auch die Macht, die du auf mich auszuüben versuchtest. Finanziell war es eine Durststrecke für mich. Ich arbeitete in meinem Geschäft und noch zwei Tage bei dir im Büro. Da du mir keine geregelten Alimente bezahlen musstest, gabst du mir immer kleine Geldgeschenke. Immer mit der Bemerkung, wie hart du doch dafür arbeiten müsstest. Dies war mit einer gewissen Demütigung für mich verbunden, da ich dafür auf unsere Tochter aufpasste. Du hattest absolut keine Verpflichtungen, musstest nie in der Nacht aufstehen, wenn sie weinte. Die ersten drei Monate schlief ich vielleicht vier Stunden pro Nacht, das kennt sicher jede Mutter. Dies übernahm alles ich. Es war also ein Geben und Nehmen. So verstand ich dies jedenfalls. Für dich war meine Zeit mit unserer Tochter kaum fassbar. Du hast so viele schöne bindende Momente verpasst. Eigentlich fast alles. Ich bettelte förmlich darum, dass du Zeit mit ihr verbringen sollst. Ich machte dich immer wieder darauf aufmerksam, italienisch mit ihr zu sprechen, ihre Vatersprache, die ein Geschenk an sie gewesen wäre. Aber mehr als es zu sagen, konnte ich ja auch nicht, machen hättest du es müssen. Ich wusste schon damals, dass sie niemals eine enge Bindung zu dir haben wird. Heute wirfst du mir vor, ich wäre daran schuld. Was natürlich kompletter Blödsinn ist. Jeder erarbeitet sich eine Bindung zum anderen selber. Dein

Leben war nun mal Arbeiten. Dort hast du 150 Prozent deiner Zeit investiert. Eine gute Freundin, zu der ich später noch komme, sagte mir während der Zeit der Trennung, dass du gefühlsmäßig mit Sicherheit alles gabst, was du eben geben konntest. Da du jedoch so viel Zeit in deine Arbeit hineinstecktest und noch eine zweite Familie hattest, blieb für uns wenig übrig. Ich war jetzt dreiunddreißig Jahre jung und war noch unstetig. Ich fing an, noch eine Ausbildung zur medizinischen Masseurin zu machen. Diese dauerte zwei Jahre. Du hast in dieser Zeit kein einziges Mal auf unsere Tochter aufgepasst. Dies übernahmen meine beiden Schwestern und meine Freundin Nena. Das Einzige, was wir zwei taten, war Liebe machen wie verrückt. Ich war regelrecht süchtig nach dir. Mein Körper schrie förmlich nach dir. Sex war einfach göttlich mit dir, Matteo. Nie möchte ich dies in meinem Leben missen. Die Leidenschaft füreinander war heftig. An einem Sonntag, die Ausbildung hatte da gerade mal vier Monate gedauert, ging ich mit meiner Freundin Lexi und mit einer meiner Schwestern auf einen Ausflug mit dem Boot. Als wir zurück waren in meiner Stadt, standen wir vor dem großen Brunnen beim Bahnhof. Da bemerkte ich es. Ich war wieder schwanger. Es war ein Wissen, das ich einfach hatte. Und so war's dann auch. Neun Monate später kam unser Sohn auf die Welt. Wow. Wieder dieser Glücksmoment. Diese überschäumende Liebe, die ich bei seiner Geburt spüren durfte, war wieder magisch.

∞

Heute weiß ich, unsere beiden Kinder waren die Krönung unserer Liebe. Mehr Glück konnte es nicht geben. Ich bemerkte bald, dass eine Wohnung mit zwei kleinen Kindern im dritten Stock nicht praktisch für mich war. Da ich jeden Tag mit ihnen draußen sein wollte, ging mir das Geschleppe ohne Lift ganz schön auf den Rücken. Da ich bei der Geburt meines Sohnes einen Bandscheibenvorfall hatte, litt ich in dieser Zeit oft unter starken Rückenschmerzen. Auch wollte ich gerne in die Stadt ziehen. Also schaute ich mich nach Immobilien mit einem Garten um. Ein Inserat erregte damals meine Neugierde. Eine uralte Villa mit viel Umschwung war ausgeschrieben. Wie toll wäre dies für die Kinder. Eine Villa Kunterbunt! Ich habe dir, Matteo, das Inserat geschickt. Mehr aus Spaß eigentlich, weil ich mir ja nicht vorstellen konnte, dass dies schon bald Realität sein würde. Was dann wirklich witzig war an dieser Geschichte, du hattest genau dieses Haus bereits gekauft. Was für ein Zufall. Da es sehr lange leer gestanden hatte, musste einiges instandgesetzt werden. Eine brauchbare Küche wurde eingebaut und ein Zimmer renoviert, in dem ich dann mein Geschäft wieder eröffnen konnte. In dieser Zeit wollte es auch der Zufall, dass sich eine Firma bei mir meldete, die einen Laser für die dauerhafte Haarentfernung hatte. Damals war das eine Neuheit auf dem Beautymarkt. Ich stieg bei ihnen ein. Sie kamen mit dem Laser zu mir und ich brachte die Kunden. Es lief super an, und ich war sehr froh, eine solch tolle Einnahmequelle zu haben. Bis zu unserem Umzugstag dauerte es noch etwa drei Monate.

In dieser Zeit lernte ich einige Seiten an dir kennen, die in mir ein Unbehagen auslösten. Einmal, als du bei mir warst, gingst du dir die Hände waschen auf die Toilette. Als du wieder ins Wohnzimmer zurückkamst, fragte ich dich, wo denn unsere Tochter wäre. „Na immer noch in der Toilette“, sagtest du dann. Als ich dort nachschauen ging, fand ich sie auf einem Kinderstuhl vor dem offenen Fenster. Sie stand dort und lehnte sich heraus. Im dritten Stock. Mein Schock war gewaltig. Du hast nur ganz banal gesagt, Kinder hätten einen Schutzengel und ihr wäre schon nichts passiert. Ich war so perplex. Wenn ich heute darüber nachdenke, wird mir immer noch flau im

Magen. Ein anderes Mal hast du dich recht böse darüber geäußert, dass ich doch in dem großen Park der alten Villa Laub rechen gehen sollte, bevor ich einziehen würde. Ich fragte mich da, ob dir überhaupt bewusst war, wie das mit einem kaputten Rücken gehen sollte. Auch kamst du in dieser Zeit immer zu spät. Geärgert habe ich mich natürlich, wenn ich für uns gekocht habe und du eine Stunde zu spät gekommen bist oder gar nicht. Das war schon hart. Wir hatten dazu unterschiedliche Einstellungen, denn ich bin überall und immer ein sehr pünktlicher Mensch. Ich möchte niemandem Zeit rauben.

Heute weiß ich, dass du dir dabei nichts denkst. Für dich ist das völlig normal, zu spät zu kommen. Du tust dies bei allen, nicht nur bei mir. Es gibt nur eins: Man muss mit deinem Zuspätkommen leben und es akzeptieren. Als der Umzugstag dann kam, machte ich dies alles ohne dich. Ich organisierte meine Familie und meine Freunde, alle halfen mir. Du kamst, als alles gemacht war. Es war ein anstrengender Tag, vor allem mit zwei kleinen Kindern. Einmal mehr musste ich stark sein. Auf dem riesigen Grundstück gab es noch ein zweites Haus. Das hast du dann zu einem stattlichen Mietzins an meine Schwester vermietet. Sie musste immer einen Untermieter bei sich aufnehmen, da es für sie alleine zu teuer gewesen wäre. Ich glaube, du warst dir gar nicht bewusst, was für eine große Hilfe sie mir war, da sie unzählige Stunden auf unsere Kinder aufpasste, damit ich mir auch mal eine Auszeit nehmen konnte. Sie war dann da. Fast immer. Die Hilfe meiner ganzen Familie war einfach großartig. Ich bin ihnen allen für die Hilfe zu Dank verpflichtet. Unsere Kinder liebten dieses Haus. Sie liebten es, draußen zu sein, zu spielen und in diesem großen Park herumzutollen. Für dich war es auch normal, dass ich den Rasen mähte. Was ich eigentlich gerne getan habe. Es dauerte jeweils einen halben Tag. Ich war jedes Mal fix und fertig danach. Ich konnte fast nicht mehr gehen, da mein Rücken so schmerzte. Und dann kam der Tag, an dem gar nichts mehr ging. Ich konnte mich nicht mehr bewegen. Da du nicht da warst und meine beiden Schwestern in Paris waren, organisierte ich meinen Vater, der mich dann zum Arzt fuhr. Ich hatte unglaubliche Schmerzen. Fast eine Woche konnte ich nicht gehen. Die Physiotherapeutin kam sogar zu mir nach Hause, da ich auch nicht Auto fahren konnte. Für meine Tochter, die damals drei war und in den Vorschulkindergarten ging, musste ich einen Fahrdienst organisieren. Dies war ein gesundheitlicher Tiefpunkt in meinem Leben. Nichts ging mehr. Du bist in dieser Woche nicht einmal vorbeigekommen. Als ich wieder einigermaßen gerade gehen konnte, meldete ich mich beim Pilates an. Meine Physiotherapeutin hat mir dies empfohlen. Das war großartig. In einem halben Jahr war mein Rücken stabil. Nur bei größeren Belastungen spürte ich ihn ab und zu noch. Aber ansonsten war ich schmerzfrei. Was für eine Erleichterung. Beide Kinder gingen mittlerweile in den Kindergarten, ich hatte mein Institut und war glücklich. Wir haben so schöne Erinnerungen an dieses Haus. Wir hatten so viele wunderbare Feste, die unvergesslich bleiben werden, all die vielen Kindergeburtstage, die schönen Weihnachtsabende, die wir damals mit der ganzen Familie immer bei mir feierten.

∞

Alles hast du verpasst. Du bist unter der Woche oft vorbeigekommen für ein zwei Stunden. Oft kamst du auch, wenn die Kinder in der Schule waren, damit wir alleine sein konnten. Für mich war das zwar schön. Aber deine Kinder hatten nicht wirklich viel von dir. Du warst während der gesamten obligatorischen Schulzeit nie auf einem Elternabend, nie auf einem Fest der Schule. Da gab es den Laternenumzug, den Weihnachtsmarkt, auf dem die Kinder mit großer Freude Selbstgebasteltes verkauften, all die vielen tollen Theateraufführungen, bei denen du einfach nicht anwesend warst. Mit den Jahren fragte ich dich nicht mehr, ob du mitkommen wolltest, denn es gab für dich sicher immer etwas, was gerade wichtiger war. Dein Leben war die Arbeit, dass der Kinder zog an dir vorbei. Wenn ich heute auf die Schulzeit unserer Kinder zurückschaue, war dies eine solch schöne und intensive Zeit. Ich weiß, deine Abwesenheit hat den Kindern nicht geschadet. Aber in deinen Erinnerungen wird dies immer fehlen. Nebst der Schule ging unsere Tochter ins Ballett, unser Sohn spielte viele Jahre Tennis. Du warst genau bei einer Ballettaufführung und einem Tennismatch, das du dann noch telefonierend am Handy verbrachtest. Auch alle Urlaubsreisen, egal wo, verbrachte ich alleine mit den Kindern. Es fehlte uns zwar an nichts, für dies sind wir dir dankbar. Aber die Liebe von Kindern muss man sich mit Anwesenheit erarbeiten, diese Liebe ist niemals käuflich.

∞

Und dann kam der Tag, als du mit einem blauen Brief vor der Tür standest. Ich weiß noch, wie entrüstet du warst, ich glaube, in deinen Gedanken sahst du zuerst mich als die Schuldige. Aber so gut hättest du mich kennen müssen, dies ist mit Sicherheit nicht mein Stil. Dieser anonyme Brief ist an deine Frau geschrieben worden. Darin stand: „Liebe Simone, wusstest du, dass dich dein Mann seit Jahren betrügt und noch ein Kind mehr wäre zu viel.“ Ich wusste sofort, dass dies nur eine bestimmte Person gewesen sein konnte, die Frau meines Bruders. Meine Schwägerin war eine kleine neidische Intrigantin. Ich hatte meiner Familie vor einem Monat gesagt, dass ich wieder schwanger bin. Meine Schwägerin war dort auch anwesend gewesen. Leider verlor ich ein paar Tage später dieses Kind, was ich aber nur meinen Eltern und meinen beiden Schwestern mitteilte. Meine Schwägerin war noch in der Annahme, dass ich schwanger war. Da ich die Patentante von einem ihrer Söhne war, hatte ich ein paar handgeschriebene Weihnachtskarten und Einladungen, die ich aufbewahrt hatte. Da dieser anonyme Brief von Hand geschrieben war, machten wir beide den Schriftenvergleich. Es war unübersehbar. Sie hatte diesen Brief geschickt. Wie kann man nur so böse sein? Wir nahmen den Brief, fuhren zu ihr und fragten sie, was genau sie mit diesem Schreiben bezwecken wollte. Sie stritt es natürlich ab und wollte ihn sogleich verbrennen, was sie nur noch schuldiger erscheinen ließ. Bis heute trägt sie diese Schuld mit sich, ohne sich jemals bei uns entschuldigt zu haben. Sie gehört heute nicht mehr zu unserer Familie, was auch so besser ist. Unser Leben veränderte sich natürlich schon mit diesem Brief. Deine Frau, die dich zwar nicht mehr liebte, aber auf das Eheversprechen pochte, machte dein Leben von nun an zur Hölle. Anstatt sich zu trennen, beharrte sie weiter darauf, mit dir zu leben. Du hättest auch gehen können. Aber ich glaube, es wäre für dich damals zu kompliziert gewesen, da du dabei warst, dein Imperium auszubauen. Sie hätte dich bei einer Scheidung auseinandergenommen.

∞

An einem anderen Tag, ich arbeitete gerade und hatte Kundschaft in meinem Institut, standest du mit deiner siebzehnjährigen Tochter vor meiner Tür. Ohne Ankündigung. Das war nicht nur für mich ein Schock, sondern ich glaube, auch für deine Tochter war es das. Sie hatte nicht gewusst, dass sie zwei Halbgeschwister hatte und nun stand sie vor ihnen. Sie hat sich zwar zwei Stunden gut mit unseren Kindern verstanden und ist mit ihnen herumgetollt. Doch ich denke, sie stand vollkommen neben sich. Was auch verständlich ist. Sie wurde so vor den Kopf gestoßen. Deinem Sohn hast du es viele Jahre später gesagt. Doch deine Tochter musste es viele Jahre vor ihrem Bruder geheim halten. Ich glaube, ich hätte dies nicht gekonnt. Das war sicher eine Belastung für sie. Ich bin heute so froh, dass ich von Anfang an mit meinen Kindern immer ehrlich war. Als sie größer wurden, fragten sie natürlich, aus welchem Grund du nicht bei uns lebst. Ich habe nie gelogen. Aus dieser Ehrlichkeit hat sich zwischen unseren Kindern und mir ein unglaublich tiefes Band ergeben. Ich bin froh, dass ich den Mut hatte, mit ihnen offen und ehrlich darüber zu sprechen. Es ist für mich niemals in Frage gekommen, mir eine Lüge aufzubürden, die ja sowieso eines Tages ans Licht gekommen wäre. Es ist nicht auszudenken, wie meine Kinder darauf hätten reagieren sollen. Wahrscheinlich mit Abscheu und Verachtung. Dies hätte ich mir nie verziehen.

∞

Nach sechs Jahren Villa Kunterbunt kam es wieder zu einer Veränderung. Du hattest vor, unser Zuhause zu verkaufen. Für unsere Kinder war das ein unschöner Moment, vor allem für unseren Sohn. Der wollte gar nicht ausziehen und sagte mir in der Zeit, die uns dort noch blieb, immer wieder, dass er nicht in das neue Zuhause mitkommen würde. Unsere Tochter war da pragmatischer. Sie sagte nicht viel dazu. Für mich gab es eine lachende und eine weinende Seite. Da zweimal eingebrochen worden war in den sechs Jahren, die wir dort bereits wohnten, war mein Sicherheitsgefühl in diesem Haus nicht mehr so groß. Auf der anderen Seite wusste ich, dass man ein solches Juwel von einem Grundstück in dieser Stadt nicht mehr finden würde. Es wäre so schön gewesen, dort einmal etwas Neues zu bauen, oder unsere Kinder hätten dies einmal tun können. So suchte ich diesmal etwas in einem Familienquartier, in dem ich mich sicher fühlte. Was ich auch bald fand. Es war ein Einfamilienreihenhaus am anderen Ende der Stadt. Es war ein erschwingliches Haus von angesagten Architekten meiner Stadt. Da es noch im Rohbau war, kam eine spannende Zeit auf mich zu. Ich konnte es nach meinen Wünschen ausstatten und unseren Sohn gut auf das neue Zuhause vorbereiten. Sie verliebten sich dann auch in dieses Haus und fühlten sich sehr wohl dort.

∞

In dieser Zeit lernte ich Claire kennen. Sie war eine Nachbarin von uns und sie wurde bald zu einem meiner Lieblingsmenschen. Da ich eher eine introvertierte Person bin, war ich froh, dass sie mich ansprach. Die Geschichte mit ihr fing so an: Ich wartete auf der Bank vor der Schule auf meine Kinder. Sie setzte sich neben mich und machte mir ein Kompliment. Ich hätte schöne Ohrringe an. Wir kamen ins Gespräch. Ihr Sohn war ein Jahr älter als meiner und er besuchte seit einiger Zeit die gleiche Schule. Sie war mit ihrer Familie von Basel in unsere Stadt gezogen, um hier einen Neuanfang zu wagen. Bald darauf sahen wir uns im Schwimmkurs unserer Kinder wieder. Sie erzählte mir, dass sie zwar ein schönes Zuhause hätte, aber die Besitzerin des Hauses eine etwas komische Person wäre. Ich schwärmte von meinem Quartier und sagte ihr, dass es noch freie Häuser gab. Und so geschah es, dass sie meine Nachbarin wurde. Wir trafen uns damals fast jeden Tag, mal für einen Spaziergang, zum Kaffee trinken oder für einen Apero. Wir führten so viele tolle Gespräche in dieser Zeit. Ich möchte sie in meinem Leben nicht missen. Heute sehen wir uns ein bisschen weniger. Aber wenn wir uns sehen, ist immer unsere alte Vertrautheit wieder da. In diesen 10 Jahren, die wir dort wohnten, sahen wir dich, Matteo, etwas weniger. Die Kinder sahen dich oft tagelang nicht. Und wenn du dann bei uns warst, halt nur für eine beschränkte Zeit. Du warst oft auch am Telefon in dieser Zeit. Dein Kind war dein Geschäft. Dies gab oft Streit zwischen uns. Es wäre so schön gewesen, wenn du die kurze Zeit, die du bei uns gewesen bist, einfach uns geschenkt hättest. Du hast immer gesagt, wie wichtig die Telefonate wären. Du seist ja Geschäftsmann. Ich habe diese neue Form, immer erreichbar zu sein, oft verflucht. Und manchmal kam es mir einfach so vor, als wären wir in deiner Kette der Wichtigkeit ziemlich hinten. Ich weiß mit Sicherheit, dass du deine Kinder über alles liebst. Aber nichts ist doch kostbarer als Zeit. Ich hoffe für dich, dass du dies nie bereuen wirst.

Heute weiß ich jedoch auch, dass nicht jeder Mann gleich viel Interesse hat, ein Zeitvater zu sein. Deine Prioritäten lagen einfach ganz woanders. Ich weiß, dass es ein Privileg für mich

war, so viel Zeit für die Kinder zu haben. Mein Geschäft wurde zum Hobby. Und da du ja auch großzügiger wurdest, je mehr du hattest, konnte ich meine Zeit sehr genießen. Unsere Rollen waren zwar etwas konservativ verteilt, aber es passte einfach zu uns. In dieser Zeit bist du oft tagsüber zu mir gekommen, damit wir Zeit für uns hatten. Wir konnten uns dann gehen lassen und miteinander schlafen. Dies war einfach immer perfekt bei uns. Die Lust aufeinander war immer noch groß. Wir genossen diese Momente immer sehr. Bis das Telefon wieder klingelte! Damals war es auch noch so, dass du nach einem Streit immer sehr verzeihlich warst. Du kamst einen Tag später wieder zu mir und hast einfach so getan, als wäre nichts passiert. Selbst wenn du zu diesen Menschen gehörst, die beim Streiten gehörig unter die Gürtellinie gehen und sehr laut werden, haben wir uns nie über diese Auseinandersetzungen ausgesprochen. Ich weiß heute, dass wir mehr über unsere Beziehung hätten sprechen sollen. Dies wolltest du nie, ja, es war ein Grauen für dich, über Beziehungsprobleme zu sprechen. Du hast es vermieden, über Gefühle zu sprechen. Oft habe ich dann diese Ursachen für die Streitigkeiten und die vielen bösen Worte in mich hineingefressen und irgendwo gespeichert. Leider kommen solche gespeicherten, nicht beredeten Geschehnisse irgendwann als negative Gefühle wieder hoch. Wir hatten keine wirkliche Beziehung und wir waren auch nicht nur gute Freunde. Wir beide haben uns in einer Grauzone dazwischen befunden, die uns immer wieder zermürbt hat.

∞

Darum kam irgendwann einmal der Tag, an dem ich die Beziehung beenden wollte. Ich sehnte mich nach mehr. Ich hätte jemanden gewollt, mit dem ich händehaltend durch die Stadt hätte laufen können. Jemanden, der bei einem Streit nicht gleich schroffe Dinge zu mir sagte und mit dem ich über Gott und die Welt hätte reden können. Dieser Tag aber verlief ganz anders als gedacht. Wir saßen uns gegenüber und ich weiß noch, dass du mich beim Sprechen nicht unterbrachst. Du hast mich einfach reden lassen. Du hast dann, ohne auch nur eine Sekunde auf mich einzugehen, gesagt, dass du Krebs hast. Ich saß da, als hätte mir jemand eine Faust ins Gesicht geschlagen. Somit war meine Gefühlslage aus der Welt gefegt. Sie wurde gerade zur kleinsten Nebensächlichkeit der Welt. Was für eine kluge Taktik, dies mir genau jetzt zu sagen. Ich war natürlich extrem betroffen. Und meine Absicht, dich jetzt zu verlassen, verflog gerade in alle kleinsten Ecken der Welt. Es kamen auch wirklich harte Wochen auf dich zu. Da du mit deinen Schmerzen lange nicht zum Arzt gegangen warst, musstest du schnell operiert werden. In dieser Zeit wurde mir bewusst, wie schlimm es war, dass deine Frau noch an deiner Seite weilte. Sie hat dich wie ein Wachhund im Spital bewacht. Es gab keine Chance für mich, zu dir zu gelangen. Ebenfalls nicht mit unseren Kindern. Da sie über mich und deine anderen Kinder Bescheid wusste und wir ein Bestandteil deiner Welt waren, hätte sie als Mensch die Großzügigkeit aufbringen können, uns zu dir zu lassen, auch in Anbetracht dessen, dass du ja hättest sterben können.

„Das, was im Leben bleibt, sind nicht materielle Dinge, sondern die Erinnerungen an die Momente, die du erlebt hast und die dich glücklich oder auch traurig gemacht haben. Dein Reichtum ist nicht in einem Tresor eingesperrt, sondern in deinem Herzen. Und in den Emotionen, die du mit deiner Seele erlebt hast."

www.visualstatements.net/Februar 2022

Und so ging unser gemeinsames Leben weiter. Natürlich hat es uns auch zusammengeschweißt, dies erleben zu müssen. Die Gefühle fuhren ja gerade Achterbahn. Das ließ uns schon wieder näher zusammenrücken. Wir schmiedeten Pläne für unsere Zukunft. Du wolltest weniger arbeiten, mehr für uns da sein. Mal mit uns Ferien machen. Es gab so viele gute Gedanken. Den Krebs hattest du besiegt, was wundervoll war. Deine Kraft kam zurück. Und die geschmiedeten Pläne gerieten in den Hintergrund. Ich merkte, dass du auf der Suche warst. Auf der Suche nach dem, was du vor allem anderen wolltest. Menschen, die dir nahestanden und vielleicht auch mal was von dir forderten, was eigentlich normal ist, schreckten dich immer mehr ab. Du wurdest zum Einzelgänger. Du hattest zwar deine Freunde und deine Familie, aber du hast immer mehr getan, was nur du wolltest. Du hattest dich zwar immer auf dich selber verlassen, aber jetzt wurde es so richtig sichtbar. Du brauchtest andere Menschen und uns zwar, doch oft kam es mir so vor, als wären wir hinderlich für dich. Damit will ich nicht sagen, dass du uns nicht gerne gehabt hast. Das sicher nicht. Hingegen alles, was gegen deine Vorstellungen und Ideen ging, war für dich schwierig zu akzeptieren. Über all die Jahre sagtest du mir jedes Mal, wenn du bei mir warst, dass du mich liebst. Das war gefühlte hunderttausendmal. Was ja schön ist zu hören. Aber man braucht auch Taten im Leben.

∞

Zum Beispiel die Tatsache, einen geliebten Menschen an einem schwierigen Tag zu begleiten und zu unterstützen. Ich rede hier vom Begräbnis meiner geliebten Mama, als du mir sagtest, du gehst nicht gerne auf Beerdigungen, und mich diesen Weg auch wieder alleine gehen ließest. Das hat mir sehr weh getan. Die letzte Respektbezeugung für meine Mama war dir nicht wichtig. Wichtiger war, dass du nicht gerne auf Beerdigungen gehst. Und ehrlich, wer macht dies denn schon. Ich kenne niemanden. Man tut dies einfach, weil es zum Leben dazugehört. Du kamst dann zwei Wochen später und erzähltest, dass du gerade auf einer Beerdigung gewesen warst. Ich dachte mir: Oh Gott, das kann jetzt aber nicht sein. Als du deinen Fehler bemerkt hattest, wolltest du dich rausreden. Es sei eine Bekannte gewesen, und man knüpfe an solchen Beerdigungen geschäftliche Beziehungen. Genau, dies war nicht gerade deine empathischste Äußerung. Denn auf der Beerdigung meiner Mama hättest du mich in meiner Trauer und meinem Leid unterstützen können. Dies wäre das Passende auf einer Beerdigung gewesen und nicht, um geschäftliche Beziehungen zu knüpfen. Dazu gibt es genug andere Orte und Anlässe.

„Respekt ist kein Privileg, das man ohne etwas zu tun erwarten kann, sondern eine Form, wie man mit Menschen umgeht."

www.glaub-an-dich-selbst.de/März 22

Und dann schlug das Schicksal erneut zu bei dir. Du kamst eines Morgens zu mir, um dich zu verabschieden. Du warst wieder einmal auf dem Weg nach Italien, da du dort verschiedene Projekte hattest. Aber dieser Morgen war irgendwie anders. Du kamst in deiner Motorradmontur zu mir. Ich reagierte auch gleich auf dies, weil mir Motorrad fahren immer schon suspekt gewesen war. Du hast dir einen Boliden gekauft, muss ich dazu sagen. Ich persönlich habe dies immer schon zu gefährlich gefunden. Aber du wolltest es von mir nie hören und es machte dir ja Spaß. Was soll man da groß dagegen haben. Verbieten geht nicht, leider. Wenn ich dies auch gerne getan hätte. Doch an diesem Morgen bat ich dich ausdrücklich, doch mit dem Auto zu fahren. Es sei doch soweit nach Italien und die italienischen Autobahnen zu gefährlich. Du hast mich beruhigt und gesagt, dass schon alles gut gehen würde. Ja dann, sei es so, dachte ich mir. Doch mein Bauchgefühl hatte sich nicht getäuscht. Einen Tag später hast du mich aus einem Spital in Italien angerufen. Du seist schwer verunglückt und nicht transportfähig. Du müsstest dort operiert werden und zwei Wochen bleiben. Wieder ein Schock für mich. Das Schicksal war einmal mehr nicht mit guten Absichten auf deiner Seite. Nach den zwei Wochen wurdest du in das Spital meiner Stadt verlegt. Du wurdest auch gleich nochmal operiert, da in Italien nicht alles richtig gemacht worden war. Diesmal wolltest du aber, dass ich und die Kinder dich besuchen. Was wir natürlich taten. Als wir deine Zimmertür im Spital öffneten, warst du nicht alleine. Deine Schwester, die ansonsten in Italien lebte, und deine Nichte waren bei dir. Du hast mich ihnen dann vorgestellt, als die Frau, die du über alles liebst. Und als du noch sagtest, dass die beiden Kinder deine Kinder sind, war deine Schwester total überrascht, aber sehr liebenswürdig. Sie hat die beiden direkt in die Arme genommen. Nun wusste es auch dein engster Familienkreis. Was genau sie dazu gesagt hat, weiß ich natürlich nicht. Aber ich weiß, dass sie unsere Kinder liebhat. Nach diesem schweren Unglück hast du dann das Motorradfahren aufgegeben, zum Glück. Was blieb, waren endlose Schmerzen in deinem Oberschenkelgelenk.

∞

Uns hat es wieder näher zusammengebracht. Wir kamen wieder in die Phase der Verliebtheit. Du warst dann sehr aufmerksam und liebevoll. Diesen Matteo liebte ich natürlich. Er ist es auch, den ich heute immer wieder vermisse, wenn ich an dich denke. Na ja, jedenfalls fühlte sich alles so gut an und ich dachte mir damals, dass sich nun alles zum Guten wenden würde. Du machtest bei niemandem mehr ein Geheimnis darum, wenn es um unsere Beziehung ging. Immer mehr Menschen in deinem Umfeld erfuhren davon. Einzig deine Frau dachte wohl, wir wären seit diesem anonymen Brief nicht mehr zusammen. Du hast die Situation für dich sehr kompliziert gemacht. Anstatt dem damals ein Ende mit Schrecken zu machen, hast du daraus einen Schrecken ohne Ende gemacht.

Da unsere Kinder nun älter wurden, unseren tollen Garten nicht mehr oft benutzten und es für mich nur noch Arbeit war, suchte ich mir wieder eine Wohnung in der Stadtmitte und in der Nähe vom Gymi, dass die Kinder gerade besuchten. Ich wollte auch nicht mehr parterre wohnen, sondern lieber eine kleine schöne Attikawohnung haben, in der ich mich rundum wohl und sicher fühlen konnte. Da meine Angst vor Einbrüchen, die ich ein paar Mal hatte erleben müssen, nie ganz wegging, schien mir dies ein richtiger Schritt in einen neuen Lebensabschnitt zu sein. In unserem Haus stand ich manchmal zwei, drei Mal in der Nacht auf, um zu kontrollieren, ob alles geschlossen war. Dies wurde fast zu einem kleinen Tick bei mir. Wenn es um Immobilien ging, war das Glück aber immer auf meiner Seite. Denn bald darauf fand ich meine Traumwohnung im siebten Stock und nur 200 Meter von der Schule meiner Kinder entfernt. Ich entschied mich dann schnell dafür und verkaufte mein Haus. Das Einzige, was daran schmerzhaft war, ist die Tatsache, dass ich meine liebe Freundin Claire dort zurücklassen musste. Wir waren ein so gutes Team und hatten so viel Zeit miteinander verbracht. Wie würde ich dies vermissen. Beim Umzug gab es auch Tränen, doch wir wussten beide, dass unsere Freundschaft für immer gedacht war.

∞

Das erste Jahr am neuen Ort war ein gutes Jahr. Wir waren verliebt und verbrachten viele glückliche Stunden in deinem alten Hotel, das leer stand und wir ganz für uns hatten. Wir liebten uns, als gäbe es kein Ende. Ich glaube auch, dass du dich in dieser Zeit entschieden hast, dich von deiner Frau zu trennen und die schwierige Situation auf dich zu nehmen, die diese Scheidung für dich bringen würde. Aber ich weiß, du hast in dieser Zeit eine Chance für unsere Liebe gesehen. Ja, einer gemeinsamen Zukunft sollte nichts mehr im Wege stehen. Der einzige Fehler, den du dann machtest, war, mir nicht zu sagen, dass du umgezogen warst, in meine Nähe, mit ihr. Auch wenn ich genau weiß, dass du gerne ohne sie dorthin gegangen wärst, du hast es einfach nicht gekonnt. Ihr die Wahrheit zu sagen und mir die Wahrheit zu sagen, erfüllte dich mit einer Angst. Dein Herz hätte es gewollt, dein Verstand hat dir einen Streich gespielt. Ich weiß, dass du mir mit dem Verschweigen solch wichtiger Tatsachen sicher nicht weh tun wolltest, aber auch ich bin nur ein Mensch. Ein Mensch mit einer Seele und mit einem Herzen, das verletzt werden kann. Am Anfang habe ich noch versucht, es schönzureden, es sei nicht so schlimm, was du getan hast. Ich wollte mich an der Verliebtheit festhalten, doch sie zerrann förmlich in meinen Händen, wie der feine Sand an einem karibischen Strand. Der Halt in dieser Zeit gab mir mein Studium als Kunsthistorikerin, dass ich in dieser Zeit begonnen habe.

∞

Nun stehen wir wieder am Anfang meiner Erzählung, an dem Moment, wo alles zerbrach. Manchmal habe ich mir gewünscht, dass ich nicht so empfindsam sei und einfach ein wenig härter im Nehmen. Doch wenn ich auf all die Jahre zurückschaue, weiß ich eigentlich, dass ich eine starke Frau bin. Vielleicht war dies der Tropfen, der das Fass zum Überlaufen brachte. Der Tropfen, der diese Abwärtsspirale gestartet hat. Ich merkte, wie ich mich veränderte. Ich traute dir nicht mehr, traute meinen Gefühlen nicht mehr und legte alles auf die Goldwaage. Wenn du bei mir warst, war ich sehr angespannt, ich ertrug nichts mehr von dir, hatte keine Geduld mehr. Dies wäre der richtige Moment gewesen, Abstand zu nehmen, mich von dir zu trennen, um wieder zu mir zu finden. Vielleicht wären wir heute wieder verliebt, wieder zusammen, wieder glücklich. Doch ich blieb und strudelte mit der Spirale, die dich nun auch erfasste, hinunter bis zum bitteren Ende.

∞

Vor diesen Sommerferien 2021 wusste ich eigentlich, dass es nicht gut ist, diese bei dir in Italien zu verbringen. Ich wusste, dass sie zu einem Desaster werden würden. Und doch habe ich es gemacht. Was dort passierte, war eine Folge von unausgesprochenem Frust in uns. Von Gefühlen, die wir einander nie hatten offenbaren können. Für dich war es kein Lügen, mir nicht zu sagen, dass du mit deiner Frau umgezogen warst, es war einfach ein Nichtsagen. Aber das schmerzt ebenso wie Lügen. Ich war deine Vertraute, eine Geliebte, deine Frau des Herzens. Die Zeit seit den Sommerferien war dann auch die schlimmste meines Lebens. Wir kämpften an zwei Fronten gegeneinander. Auf der einen Seite standen die Corona-Auseinandersetzungen, auf der anderen Seite stand eine nicht endende Feindseligkeit zwischen unseren Gefühlswelten. Wir fanden uns einfach nicht wieder. Wir waren einander verlorengegangen. Genau jetzt, wo du ein freier Mann bist. Denn vor drei Monaten wurde deine Scheidung offiziell. Meine Träume, mit dir zusammen zu sein, richtig, vielleicht sogar mit einem Fest, mit dem wir unsere Liebe besiegeln würden, hätten jetzt wahr werden können. Welche Ironie des Schicksals hat denn hier zugeschlagen? Vor kurzem bist du bei uns vorbeigekommen, nach fünf Wochen Abstand das erste Mal, und ich spürte, dass ich nicht dich vermisst habe, sondern meinen Matteo, der du mal gewesen bist. Der wunderbare, großherzige Mann, der mein Herz immer hat höherschlagen lassen. Du warst ein bisschen wie ein Fremder. Die Kälte zwischen uns erschreckte mich. Aber auch die Melancholie über das Ende einer großen Liebe war zu spüren.

Vielleicht haben sich einige, die dies lesen, gefragt, aus welchem Grund ich so lange geblieben bin. Vielleicht, weil es nur ein Wunschgedanke ist, ein perfektes Leben zu haben. Habt ihr denn dies? Kein Leben ist doch perfekt. Jeder hat sein Schicksal, seine Höhen und Tiefen. Das Einzige, was ich zum jetzigen Zeitpunkt sagen kann, ist, dass ich diese Liebe wunderbar gefunden habe, sie hat sich so unglaublich angefühlt und ich bin sehr dankbar, dass ich sie erleben durfte, mit allem, was dazugehörte. Vielleicht würde ich heute einige Sachen anders machen. Man lernt ja dazu. Aber passiert ist passiert. Das Schicksal hat es genauso gewollt für uns. Lieber Matteo, ich verzeihe dir alles und hoffe, dass du es auch kannst.

Ich bin unendlich dankbar für unsere beiden Kinder, die dieser Liebe entsprungen sind, niemals möchte ich sie missen. Niemals.

∞

∞

„Sag nie, du hast die wahre Liebe verloren, du hast sie ja erlebt, niemand kann sie dir wegnehmen aus deinen Erinnerungen. Das wunderbarste Märchen ist nicht die Liebe selbst, sondern dein Leben. Wenn es dir gerade nicht gut geht, nimm dir Zeit, um mit dir ins Reine zu kommen. Wenn du traurig bist, lasse es zu, überlege dir dann aber, was dich wirklich glücklich macht."

Hans Christian Andersen/rs

∞

Nachtrag

Es ist jetzt kurz vor Weihnachten 2021. Es ist eine stille Zeit. Nicht nur draußen mit diesem blöden Virus. Vor allem in meinem Herzen ist es still. Du bist die meiste Zeit in Italien. Zwischendurch schreibst du mir eine kurze WhatsApp-Nachricht oder ich dir, in der wir fragen, wie es uns geht. Beide schreiben dann jeweils: gut, danke. Es ist fast mechanisch, nett gemeint und sehr unpersönlich. Ich merke, dass diese Zeit eine schwierige Zeit ist. Trotzdem bin ich jeden Tag dankbar. Dankbar für tausend Kleinigkeiten, die uns umgeben, die uns schlussendlich glücklich machen. Die uns auch sehen lassen, wie gut es uns hier geht. Wie zufrieden wir doch sein können. Wie es doch zurzeit so viele schwierige Situationen auf der Welt gibt und wir hier in der Schweiz in einem unglaublichen Luxus eingebettet sind. Eine Wohnung zu haben, ein warmes Bett am Abend und genug zu essen. Wie viele Menschen auf der Welt haben dies nicht. Wir drehen am Morgen den Wasserhahn auf und können zwischen kaltem und warmem Wasser wählen. Wir stellen uns einfach selbstverständlich unter die Dusche. So viele Menschen auf dieser Welt haben aber kein Wasser. Leiden Hunger. Ja, verhungern sogar. Und bei uns gibt es tatsächlich Menschen, die in einer Pandemie Toilettenpapier horten. Das ist so krank. Es gibt Menschen, die schon ihr ganzes Leben in einer Kriegssituation leben. Und wir? Flippen aus, wenn es ein paar Einschränkungen gibt, damit der Virus endlich nicht mehr die Oberhand hat. Das ist so krass, dies zu erleben. Die Menschlichkeit fehlt, wir leben in einer sehr egoistischen Zeit. Jeder möchte sein Leben so weiterleben wie gewohnt. Zurückstecken geht nicht, da wir gelernt haben, dass das Leben Fortschritt sei. Müsste dies nicht der Moment des Zusammenhalts und des ein bisschen Zurücktretens sein? Der Rücksicht aufeinander und vor allem auch der Dankbarkeit gegenüber der Wissenschaft, die uns schon oft vor Viren gerettet hat? Aber wir sind nicht mehr krisentauglich, ja gar wohlstandsverwahrlost. Wir haben den Anspruch an unseren

Staat, dass er immer alles geregelt bekommt. Ich frage mich, was passieren würde, wenn dieser Virus schlimmer sein würde, als er tatsächlich ist. Unsere Gesellschaft würde in kürzester Zeit auseinanderfallen. Wahrscheinlich gäbe es Mord und Totschlag im Einkaufscenter um die letzte Rolle Toilettenpapier. Eigentlich müssten unsere Kinder in der Schule lernen, wie man sich in einer außergewöhnlichen Situation verhält. Vielleicht wären wir dann weniger ängstlich und würden uns mehr aufeinander verlassen. Vielleicht würden auch Beziehungen besser funktionieren, wenn man wüsste, dass nicht immer nur die Sonne scheint. Dass Mann und Frau es ertragen, wenn die Zeiten mal kalt und düster sind. Was ich ins neue Jahr mitnehme, ist die Erkenntnis, dass es kein Scheitern ist, wenn eine Beziehung, die so lange gedauert hat, auseinandergeht. Nein, man hat sie ja erleben dürfen. Fühlen dürfen. Es entsteht in dem Moment eine Leere, eine Traurigkeit des Herzens. Doch es entstehen auch Mut und Tatendrang. Neue Gedanken und Lebensvorstellungen entstehen. Die Erkenntnis reift, dass man zwischendurch demütig sein sollte, aber vor allem immer dankbar. Liebe im Herzen zu haben ist der beste Begleiter auf dem Lebensweg. Egal woher sie kommt oder für wen diese Liebe brennt. Sei es für einen Mann oder für eine Frau, für die Kinder, die Familie oder einfach für Menschen, die ihr sehr schätzt. Ich wünsche euch darum viel Liebe und Dankbarkeit.

Anielle

∞

Lieber Matteo,
meine Liebe zu dir hat mein Herz zu einem Berg gemacht, ansonsten hätte all die Liebe, die ich empfunden habe, gar keinen Platz gehabt. Die Zuneigung war ehrlich und rein, so tief, wie der tiefste Punkt im Meer. Diese Liebe hat mich zum glücklichsten Menschen der Welt gemacht. Die Krönung unserer Liebe sind unsere beiden wunderbaren Kinder, die ich mir von keinem anderen Mann gewünscht hätte. Ich war in deinen Armen immer glücklich, du warst ein großartiger Liebhaber und ich danke dir dafür. Niemals werde ich dich und unsere Liebe vergessen. Auf einem großen Berg kann man sich manchmal verirren, weil er eben so groß ist. Wenn man den Weg wiederfindet, kann jeder von uns glücklicher sein als je zuvor.

∞

Die Autorin

Anielle Fortis wurde 1968 in Luzern, im Herz der Schweiz, geboren. Dort lebt und arbeitet sie bis heute als Malerin und Kunsthistorikerin. Als glückliche Singlefrau und Mutter von zwei Kindern lebt sie sich auch in ihrer Freizeit gerne kreativ aus oder treibt Sport.
So veröffentlichte sie im Jahr 2023 ihr Debütwerk als Autorin. Darin verarbeitet sie ihre bewegte Vergangenheit, die vor allem von einer ungewöhnlichen Liebesgeschichte gekennzeichnet ist. Ein Plädoyer für die Liebe – egal in welcher Form.